禅とジブリ

鈴木敏夫

プロローグ——間《ま》のこと

間合いを取るという言葉がある。二カ月くらい前の話だ。

月曜日の朝、いつも通りにぼくが宮さん（宮崎駿《はやお》監督）のアトリエを訪ねると、珍しく彼が、「ちょっと待って」と言い出した。顔を見ると、やけにニコニコしている。お茶を沸かすからというのが、その理由だ。何かおかしい。ヘンだ。というのも、お茶を沸かすのは、この日に限ったことではない。いつもは何も言わずに、お茶を淹れてくれるのが宮さんの常だ。

その前の週末、ぼくは現在制作中の『君たちはどう生きるか』の新しい絵コンテを読んだ。全体は起承転結、四つのパートに分かれている。一昨年の七月から書き始めて、ようやくCパートに辿り着いた。

新しい絵コンテを前にすると、ぼくはいまだに緊張する。期待と不安。ぼくは集中力を途切らすことなく、Aパートから一気に読む。そして、Cパート。ペースを崩さないように読んだ。ひとつのパートを読むのに二時間、計六時間を要した。

読み終えると、どっと疲労を憶えた。いつものことだが、目が凹《くぼ》んでいる。その刹那、体験したことのない虚脱がぼくを襲った。違う……。

読んだのは土曜日の夜。日曜日は、一日かけて内容を反芻《はんすう》した。感想は変わらなかった。さて、思ったことをどうやって宮さんに伝えるのか。誰だって、けなされるのは嫌だ。その嫌な話をしないといけない。その夜、憂鬱と不眠がぼくを襲った。夢の中で試行錯誤が続く。朝方、寝ぼけ眼《まなこ》で車を駆ってスタジオへ向かう。まだ答えは出ない。到着。

「……詰め込みすぎですね」

それがぼくの発した第一声だった。そんなことを言うつもりは毛頭、なかった。思わず口に出た。間髪を入れずに強い調子で、宮さんがこう言い放った。

「自信作です」

タイミングが〇・三秒ずれた。そのくらいだろう。宮さんは、アトリエに入ってきたぼくの様子を見て、すべてを察したに違いない。人一倍、勘のいい人だ。お茶を沸かすとわざわざ通告したのも時間稼ぎだった。必死になって考え出したのが、その台詞《せりふ》だった。そうとしか考えられない。その間隙《かんげき》を縫って、ぼくは言葉をかぶせた。

「要素はいずれもおもしろい。しかし、お客さんが置いてけぼりを食らう」

しゃべりながら、ぼくは自分の言葉に驚いていた。ぼくは何かに取り憑かれたようにそう言ってしまった。宮さんの台詞の間合いが〇・三秒早かったら、その迫力に、ぼくは何も言えずに引き下がっていたに違いない。

一カ月半後、新しいＣパートの絵コンテが完成した。感想を言葉にすることすら叶わない。そのくらい素晴らしい出来だった。今度は、ぼくが言葉を失う。陳腐な褒め言葉は、このコンテに相応しくない。

目の前の宮さんは、天才以外の何者でもなかった。七十七歳になって成長を続ける、この老監督のどこにそんなエネルギーが残っていたのか。ぼくは、宮さんのその強靭な精神力に対して恐れおののいた。

かつて、堀田善衞《よしえ》さんが「老いの熟成」という言葉を使ったが、宮さんにしても、その心境に達したのだろうか。だとしたら得たモノは「精神の自由」である。

ぼくは、仕方なく詮ない質問をした。ひとり気になるキャラクターがいた。

「このモデルは誰ですか？」

宮さんは、ぼくから目をそらしてこう言った。

「……鈴木さんじゃないよ」

二〇一八年三月二十一日　　鈴木敏夫

禅とジブリ　目次

第一回

江戸時代の禅僧・白隠《はくいん》さんの機知に富んだ書画を多く所蔵する東京・龍雲寺の若き住職・細川晋輔《しんすけ》和尚と。まずは白隠さんの作品を見学し、予測不能の放談のいざはじまり。

（二〇一六・十・二十一）

直指人心

1

「白隠さん」と出会ったのは

鈴木　初めまして。今日は、住職にお会いできるのをとても楽しみにして来たんですよ。

細川　こちらこそ。私はスタジオジブリの作品を見て育ってきましたから。光栄です。

鈴木　僕、龍雲寺さんには一度お袋と来たことがあるんですよ。お袋は、八十歳のときに郷里の名古屋から東京に越して来たんです。それから休みごとに二人で家の近くのお寺を全部回ってみようってことになって。それを十二年間続けました。お袋が「もうすぐこういうところに来るんだから」って。さすがに家の近くは全部回ってしまって、最後は谷中《やなか》のほうを回りました。

細川　そうでしたか。谷中だとお寺が多いですから何週間も費やせそうですね。鈴木さんはお寺がお好きだったんですか？

鈴木　僕自身、お寺に興味はありましてね。僕は名古屋の仏教校出身でして、その学校へ入ったのが縁で毎年のように京都・奈良に行っていたんですよ。何回も行くうちに、何となくお寺が好きになってきて。

細川　熱心な仏教徒というわけではなくても、仏教に親しみを感じておられる方は多いですよね。私が小学生の頃に、クラスの友だちはみんな体育係なんかに就く中、私だけいつも生き物係。クラスで飼っていた金魚が死ぬと、お経を上げてほしいなんて言われましたから。「生き物が死んだらお経を上げて成仏してもらおう」と子どもたちでも考えるのは、私たち僧侶にとっては、すごくありがたいことだと。しかし、すでにある土壌の上にあぐらをかかず、私たちの世代を中心に仏教の原点に帰りたいと思っているお坊さんは多いんです。だからアニメ映画の制作や広告でいろんな経験を積んでこられた鈴木さんから、いろいろ学ばせていただきたいと。

鈴木　いやいや、僕が禅のことを教えてもらうつもりなんですよ。

細川　うちの寺は、父である先代が臨済宗中興の祖・白隠慧鶴《えかく》の書画を蒐集しました。今日は、ちょうど寺にある白隠さんの書画をすべて展示していたので、鈴木さんにご覧いただけてよかったです。鈴木さんは白隠さんがお好きだそうですが、どんなところがお好きなんですか？

鈴木　いやあ、何というか模写しやすいところですかね（笑）。

細川　エッ、模写ですか。一応うちにニセモノはないことになっているんですが……（笑）。

鈴木　前に、白隠の達磨の絵を真似して描いたんです。僕、真似するのが好きなんですよね。いい加減なので描くたびに変わるんですが、人からほしいと言われて、差し上げたりして。

細川　いいですね。うちにもくださいよ（笑）。

鈴木　僕が白隠さんに興味を持ったのはね……話が長くなるけどいいですか？

細川　どうぞどうぞ。

鈴木　僕はもともと絵が好きで、よく落書きをしていたんです。宮さん（宮崎駿《はやお》監督）と出会ったのが一九七八年。ちょうど彼が『ルパン三世　カリオストロの城』を作っているときでした。そのとき僕は編集者として彼を取材したんです。会ってみると非常に相性がよくて。その日から、毎日会うようになっちゃった。この人と一緒に仕事をしていければ毎日楽しいかな、と。当時彼に才能があるかどうかなんて考えませんでしたけれどね。ともかく、毎日会って話す。そのときお互い癖があって、紙を手元に置いて、気が付くと彼も僕もいたずら書きを始めるんですね。それまでは僕も絵を描いていたんだけど、何と言っても向こうのほうがうまいから。それなら、ということで僕は字を書き始めたんです。最初はマジックや鉛筆だったのが、だんだん筆で書くようになって。

細川　絵から字に転向なさったんだ。

鈴木　僕はプロデューサーですから、一日に何人もの方にお目にかかるじゃないですか。気が付くと手当たり次第に話した内容を書き留めたり、一日何時間も筆を使うようになった。それがかれこれ二十年。毎日書いているとね、少しはそれらしくなってくるんですよ。そのうち美術館で開くジブリ展の題字も頼まれたりして。

それから、いろいろな人の字が載った本を買って読み始めて。白隠さんを見て、これだったら真似できるかなと思って……失礼ですね。絵と字を真似するようになりました。いわば書道の修行法「臨書《りんしょ》」ですね。自分の個性は出さず、有名な書家の名品をお手本に、何度も書いて筆法を習得していく。

本の中で気に入ったのが、良寛《りょうかん》、仙厓《せんがい》、そして白隠。まあ今後もいろいろと書けたらいいな、と思っているところで。そんな折、細川住職がテレビで白隠についてお話しておられるのを見て、ぜひお話ししたいと編集部に伝えたんです。

細川　嬉しいですね。家ではマンガやアニメは見てはいけなかったんですが、ジブリ作品だけは許されていたんですね。最初に見たのは『となりのトトロ』。それから『魔女の宅急便』を見て……。『千《せん》と千尋《ちひろ》の神隠し』は、修行中に雲水衣《うんすいごろも》で見に行ったくらいです。

白隠慧鶴筆　達磨図　このつらを祖師の面と見るならば鼠をとらぬ猫と知るべし（龍雲寺蔵）

仏教をわかりやすく

鈴木　白隠さんの字や絵なんかは、今で言う「エンターテインメント」だったんでしょ？

細川　そうですね。それに、禅の教えの「広告」のようなものでもあったと思います。

鈴木　住職が、檀家《だんか》さんを本堂に集めていろんな話をされる。それが人々にとって楽しみだったんですよね。白隠さんの掛軸にしたって同じ役割だったんじゃないですか？当時は映画なんてないわけだから。楽しくて、おまけに仏教の考え方が伝わる、そういう在り方だったという気が僕はするんです。

細川　そもそも仏教は人に伝えることが原点なんです。お釈迦さまが、なぜ二十九歳で奥さんや子どもを捨て、王子という立場も捨てて出家されたかというと、生老病死《しょうろうびょうし》という四つの苦しみから逃れるためでした。そのために苦行して、菩提樹の下で坐禅を組んで「自分の体は借り物でしかない」と悟るんです。自分が死んでも、その体は土に還り、またいろいろなものになっていく。それで自分は心の安らぎを得たのですが、そこからがすごい。

鈴木　ほお。

細川　一人で座っていたお釈迦さまは、ヨッコイショと立ち上がったわけですよね。自分が気付いたことを、多くの人に伝えたいと。これを私は「記念すべきヨッコイショ」だと思っています。お釈迦さまが自分だけ救われていたら、今の仏教はなかった。でも、迷い苦しむ人々に教えを伝えて、一人でも多くの人に心の安らぎを得てほしいと立ち上がりました。そこに仏教の出発点があり、白隠さんが筆を執って書画を描いたのも同じ理由だと思うんです。

鈴木　なるほど。白隠のように仏教のことをわかりやすく教えてくれたお坊さんといえば、よく覚えている方がいます。京都・奈良によく行っていた学生の頃、奈良の薬師寺を高田好胤《こういん》和尚が案内してくださったんですよ。和尚がいきなり「アラン・ドロンが……」って話し出して、びっくりしました。

細川　そうなんですか！　禅僧で私の祖父にあたる松原泰道《たいどう》が、高田好胤和尚とすごく仲がよかったんですよ。今、これだけ仏教の考え方を身近に書いた本が出版されているのは、二人の力が大きいんです。あれだけ勉強されて、立場のある方が、誰にでもわかる言葉で話された、ということは私たちもしっかりと受け止めなくてはいけないと思います。私も薬師寺のお坊さんが「ボウズがB'z《ビーズ》を好きで何が悪い」とおっしゃったのが強烈で。「何でこのお坊さんがロックバンドのB'zを知っているの!?」って。でも、それが修学旅行生の心に届いているんですよね。

鈴木　それは強烈ですね。

細川　祖父の松原泰道は、百二歳で亡くなる三日前まで、死神と競争しながら勉強しているような方でした。それには戦時中の経験が大きかったようです。本人は体が弱くて兵役を免除されていましたが、修行道場の同期たちにどんどん赤紙が来たそうです。そして終戦間際には、体の弱かった祖父にも召集がかかって、僧侶の身でありながら武器を持つことになった。それはいったいどんな気持ちだったのか。帰ってからは、午前三時からずっと勉強をしていたと聞いています。

鈴木　午前三時ですか!

細川　はい。百歳を超えてもそうでしたから。それこそ生涯現役、臨終定年という僧侶の生き方の鑑《かがみ》だったと思っています。僧侶が亡くなることを遷化《せんげ》と言いますが、それは教化《きょうげ》の場をあの世に遷《うつ》す、という意味なんです。「私が死する一日は、私が地獄でする説法の第一日だ」とよく言っていました。「極楽じゃあ、君に会えないからね」と冗談で話していましたが……。本当のところは苦しんでいる人たちがいる場所に自分も堕《お》ちて行って、教えを説きたいという思いだったそうです。

宮さんが作る映画は、人の弱さをちゃんと認めているんです。

――鈴木

『千と千尋の神隠し』

白隠さんにキャッチコピー

細川　私たちは、よく悟りを月にたとえるのですが、教えは月を差す「指」でしかないんですよね。指のほうに注目してしまうと、どうしても肝心の月が目に入らなくなってしまいます。

鈴木　世の中、兎角《とかく》そういうことが多いです。

細川　鈴木さんが関わってこられた広告もいわば「指」だと思います。これまでコピーライターの糸井重里さんと鈴木さんで、ジブリ作品に多くの名キャッチコピーを付けてこられましたが、鈴木さんは月に目が向くような指の差し方をしておられるんじゃないかと。

鈴木　それは考えますよね。キャッチコピーは、あくまで映画を見てもらうためのもの。宮さんが作る映画は、人の弱さをちゃんと認めているんです。認めた上で、弱い子もやりようによっては元気になる、そういう映画だと。それは、みんなが見ることで役に立つんじゃないかな、ってちょっと思っているんです。映画のために言葉を連ねる理由はそれですよね。

映画『風立ちぬ』のキャッチコピーは「生きねば」。これは、ふと僕が筆で書いたのを宣伝プロデューサーが見て「それでいきましょう」となったんです。簡単に言うと「つらいこともいろいろあるけど、生きねば」ってことで。こういう社会でみんな大変だろうから、それに対する励ましはあっていいんじゃないかな、と。でも常々自分に言い聞かせているのは、それに捉われてはいけない、ということ。結果として多くの人が見てくれれば嬉しいですが、「本当にわかる人に届けばいい」、そういう気持ちでいますけれどね。

細川　なるほど。「伝える」と「伝わる」は、違うと思うんですよね。「伝える」のは一方通行だけど、「伝わる」のは相互作用なんじゃないかと。たとえば白隠さんが掛軸で伝えてくれているものに見る側も応えないと、「伝わる」にはならないのかな、と。私も話をするときは、特に「伝わる」ように意識しています。

鈴木　それはスタッフに何度も言うことですね。「言っておいたのですが」じゃダメだと言うんです。相手が理解するまで言わなきゃ、伝えたことにならないでしょう？　相手が納得するまでが「伝わる」ということだと思っています。「連絡した」「報告した」そんなのは意味がないんですよ。

相手が納得するまでが
「伝わる」ことだと思って
います。

――鈴木

細川　ところで『もののけ姫』なら、「生きろ」。『風立ちぬ』なら、「生きねば」。もし鈴木さんが、白隠さんにキャッチコピーを付けるとしたら、どうですか？

鈴木　うーん。「生きてみたら？」。そのくらいじゃないですかね。「世の中捨てたもんじゃないよ、でも多少の努力はしなくちゃいけないよ」、と。そんな感じを僕なんかは受けているんですけどね……。

細川　正岡子規が「禅の悟りとはどんな場合でも平気で死ぬことだと思っていたがそれは間違いで、どんな場合でも平気で生きていることだとわかった」と亡くなる前に書いているんです。私も以前は禅は死を身近に捉える、いつ死んでもいいように生きることなんだと簡単に考えてしまっていたんです。でも、実は平気で生きていくことのほうがよっぽど尊くて大変なことなんですよね。

鈴木　そうですね。書いてみるとわかるけれど、白隠さんの書のあの力の抜け方は、難しいですよ。なかなかあの境地には至れません。

いやあ、話が尽きないですね。

問答後談

龍雲寺の細川住職を知ったのは、二〇一六年の夏に放送されたNHKの番組だった。出番は少なかったが、好感を持った。以前から関心のあった禅のことを教えて貰うとしたら、直感でこの人しかないと思い編集部に提案した。

早速お目にかかると、その印象がテレビのときとまるで同じだった。年齢、性別、身分などなど、察するに、細川住職は誰に会っても同じ態度をとるに違いない。

最初にまず、細川住職の解説付きで龍雲寺の所蔵する白隠の絵を見せて貰った。一点一点、懇切丁寧に。今回は、白隠による書画のすべてを初めて公開する日にお寺を訪ねるという幸運にも恵まれた。書院、展示室など、寺のあらゆる部屋が白隠だらけだった。

白隠の書画は、住職のお父さんが好きで集めたもので全部で五十二点。その後、外国人が日本に来て、白隠の書画は何でもかんでも引っさらって行ったので、今となっては入手が困難な貴重な代物らしい。白隠の描いた書画の点数は全部でおよそ一万点、その数が多すぎるために、国宝・重文になりにくいのだとも教えて頂いた。そう教えてくれたとき、彼はちょっと口惜《くや》しそうな表情を浮かべた。

細川住職らしさを実感したのは、彼のお気に入りの達磨の絵の前に案内してくれたときのことだ。それは、本堂の傍らの部屋に飾られていた。いきなり、「ぼくはこの絵がいちばん好きなんです。専門家は、別の意見をお持ちなんですが」と、このときとばかり一所懸命に細川住職は熱っぽく語り始めた。

その細川住職と白隠が描いた達磨の顔がぼくの中で重なった。

似ている。特に、その大きな目が。もともと似ているのか、あるいは、細川住職は白隠の描いた達磨になりたかったのか。ともあれ、ぼくにしても、彼の意見に同意した。その達磨は、白隠の描いた達磨の中でも抜きん出て魅力のある達磨だった。

細川住職と共通するのは「人懐っこさ」だった。

当処即ち蓮華国
此の身即ち仏なり

2

「放下著《ほうげじゃく》」と「即今目前《そっこんもくぜん》」

鈴木　先日、テレビに住職が出ておられるのを拝見して、「放下著」「即今目前」という言葉についてお話しなさっていましたが、あれはいい言葉ですね。

細川　「放り出せ」「今を生きよ」というような意味の禅語ですね。過去と未来に捉われてはいけない、というのは二千五百年前にお釈迦さまがおっしゃったことで。

鈴木　お釈迦さまの時代から言われていたんですね……。西洋の近代合理主義は、過去と未来という時間の流れの中で現在を考えるでしょう。でも、それって本当なの？って、すごく気になるんですよね。というのは、いろんな人を見てきても、目の前のことを忘れている人が多すぎるから。今、みんなそれで悩んでいますよ。人生は本来、ケ・セラ・セラ。明日のことなどわからないはずなのに、みんなが過去に捉われ、未来のことを考えている。

細川　ジブリの『レッドタートル　ある島の物語』に、詩人の谷川俊太郎さんが、主人公の男について「生まれたての赤ん坊のように……」と言葉を寄せられていましたよね。私たち禅僧も、目指すべき悟りは「赤子」だとよく言うんです。赤ちゃんは「明日は何をしようか」なんて考えていなくて、昨日のことも考えていない。泣きたいときに泣いて、笑いたいときに笑う。そういう生き方ができればいいと。これを本当に実践したら世の中メチャクチャになっちゃうかもしれませんが（笑）、そういう心持ちは大事だと思うんです。

鈴木　なるほどなあ。過去や未来に捉われることの一番の問題は、今この瞬間に集中できないこと。だから僕は「もっと今に集中しろ」ってしょっちゅう言っているんです。

細川　ひと昔前なら天気予報が雨でも実際は降らなかったりして、まだ救いがあったんです。だけど予報も的中率が上がって、一時間後の天気までわかってしまうと息苦しくて、これはこれで不幸だな、と思ってしまいます。

鈴木　何もわからないからおもしろいはずなんですよね。自分の身に何が降りかかるのか。
ジブリで一時、辞めたいという人が続出したことがあったんです。その理由がみんな同じなんですよ。「このままじゃ自分を見失いそう」って必ず言う。そのとき僕がいつも言ったのは「それは理想とする自分がいて、そこから今の自分を見ているからでしょ。そうじゃなくて今、目の前のことをちゃんとやりなさいよ」ってこと。

目指すべき悟りは「赤子」だとよく言うんです。

——細川

細川　なるほど。仏教は、「悟り」という永遠なる目標に向かって永遠に努力する、ということが大前提にあります。でも、その努力とは、目の前のことをコツコツやっていくことでしかないんですよね。

鈴木　あんまり夢を見ると、ひどい目に遭いますよね。理想の自分と比べたら、現実の人生はみすぼらしく見えるに決まってるんだもん。目標に向かって努力するのはもちろん立派ですが、僕なんかは、自分でやりたいことなんて何もなかったし、それよりも目の前のことをコツコツやって拓《ひら》けていく人生に付き合おうという考え方だったんです。合理的にやってもしょうがない。どうやって無駄なことをするかですよね。

細川　白隠さんが書かれた坐禅のすすめ「白隠禅師坐禅和讃《わさん》」の最後に「当処即《とうしょすなわ》ち蓮華国《れんげこく》此《こ》の身即ち仏なり」という言葉があるんです。今まさにこの場所が最良の場所と思うことで、幸せに人生が歩めるのだという。私の大好きな言葉なんです。

鈴木　すごくわかりますね。でも、現代人は「今」に集中できている人に出会うと嫌がりますよね。怖いんですよ、たぶん。そんな気がします。

「今」のことをちゃんと

細川　今の二十代、「ゆとり世代」と名づけられてしまった人たちがいて、その後の世代は「さとり世代」と呼ばれたりしている。「頑張ってもしょうがない」と感じている世代ということなんですが、先のことを考えすぎているのかもしれませんね。

鈴木　そうですね。現代的な話題だと、大ヒットした『君の名は。』というアニメ映画がありましたよね。その劇中で「あの世」という言葉がたびたび使われるんですよ。主人公の男の子が好きになった女の子は、三年前に死んだ子じゃないですか。これは何なのかな、と考えたんです。

あの映画の新海《しんかい》誠監督は背景の絵作りをともかく熱心にしたそうです。僕は商売だからそういう見方になるけれど、「この映画、背景ばっかり目立つな」と。背景を目立たせるためにキャラクターの芝居があり、音楽がある。しかもあの背景は、本物を観察しながら描き、なおかつ本物じゃない。つまり「あの世」だと思ったんですよね、僕。

若い人たちはそれを何度も見に行ったわけですよ。あの映画が訴えていることは「この世はつらいけれど、あの世へ行けば幸せ」、僕にはそう見えてしまったんです。もしかすると、そういう考え方が日本だけでなく世界中に蔓延《まんえん》しているんじゃないかな、っていう気がして。もう少し現世に目を向けたらどうかと思うのですが。

細川　世の中に「即今目前」が足りていませんね。

鈴木　『君の名は。』のような作品にみんなが惹かれている。それはやっぱりちょっと大変な時代かな、と思わせるんですよ。

ジブリで『君の名は。』みたいな映画を作れるか、と言われれば作れません。白隠さんのキャッチコピーということで「生きてみたら？」と付けてみましたが、白隠さんと一緒で「この世の中、捨てたもんじゃないよ」というのがジブリの基本的な姿勢なんで。だから、やっぱり言いたくなるのは「もっとさ、先のことを考えずに今のことをちゃんとやったら」ってこと。そういうときに「放下著」「即今目前」という言葉は、もっとみんな知っておいたほうがいいんじゃないの、って思ったんです。

「わからない」強さ

細川　ジブリ作品には、禅僧としても学べることがたくさん詰まっています。禅で、梁《りょう》の武帝《ぶてい》が「お前は何者だ」と達磨さんに訊くと、達磨さんは「不識《ふしき》（わからない）」と答える、という問答があるんです。『もののけ姫』を観ていて、ハッとしたんですね。『もののけ姫』に、モロというヤマイヌのキャラクターが出てくるのですが……。あ、鈴木さんに言うのもおかしいですね。

鈴木　ははは。ちょっと知っています。

細川　モロが主人公の少年アシタカに「お前にサンを救えるか」と訊く場面がありますよね。ヒロインを救えるか、と。アシタカは「わからぬ」と答えるんです。このセリフに禅問答のような深いものを感じたんです。

鈴木　へえー。なるほど。

細川　主人公なら「救う」と言ってほしいじゃないですか。でも「わからぬ」と。その後に続けて、アシタカは「だが、共に生きることはできる」と言う。これは、達磨さ

「わからぬ」というセリフ。まさに達磨の「不識」じゃないか、と。

――細川

『もののけ姫』

んの言った「不識」じゃないか、と。
私は京都で九年間修行して二〇一一年にこの寺に帰ってきましたが、直後にあの東日本大震災が起こり、数週間被災地で活動することにしたんです。その中で、アシタカが「わからぬ」と言った強さがより身にしみるようになりました。被災者の方から「死んだあの人に会えますか」と訊かれて、「会えます」とは簡単に言えませんよね。でも「会えない」とも言い切れない。「わからない」というのが本当の答えではないかと思いました。しかし、「共に生きることはできる」と。
私たちは、明日の天気もわからないような存在です。けれども幸せを祈って生きていくことはできる、というのが仏教の根底にある思想なんです。「不識」、つまりわからないことこそが人生なんです。むしろわかってしまったらおもしろくない。

鈴木　『もののけ姫』で「わからぬ」というセリフに注目された方は初めてですね……。とても興味深いご指摘です。

細川　学問と宗教ってまったく異質なもので、学問には論拠があって宗教にはない。亡くなった人に会えるかと訊かれれば、学問的には「会えない」という答えになってしまうのかもしれません。でも宗教的に答えると「会えると信じて生きていくことはできる」。明快な答えは与えられませんが、逆に答えがあることで苦しくなってしまう面もある。「わからない」というところが、宗教のやさしいところだと思います。

鈴木　それで思い出したのは『崖の上のポニョ』という映画を作ったときにね、宮さんから真剣に相談を持ちかけられたんです。「俺さ、いつか死ぬじゃん。死んだら亡くなったお袋に会うよね」って。「最初に何て言ったら、喜んでくれるかな」と言うわけですよ。映画の中で、主人公の少年が亡くなったお婆ちゃんにあの世で会うシーンがあるんです。そこでのセリフを、彼、ずっと悩んでいましたよ。

細川　それって禅問答ですね。たとえば「隻手音声《せきしゅおんじょう》」。両手を叩くと音が鳴るけれど、片手の音はどんな音だ、と。これは理屈ではどうしようもない問いです。亡くなった方と出会ったら、何を言うか。もう理屈じゃありませんよね。

鈴木　合理的じゃないですよね。

細川　白隠さんも、非合理に問うことで人の心を揺さぶり、あえて心の水面に波を立てます。波が収まって澄み切ったところに本当の「答え」がある、と考えていたんだと思います。模範解答ではないとしても、自分が信じられる答えを持つことは、いろいろな答えが転がっている時代に大切ではないかと思うんですよね。

問答後談

氏家齊一郎《うじいえせいいちろう》という人がいた。日本テレビの会長として、ジブリの後ろ盾になって、何かと支援してくれた人だ。亡くなって六年になる。その氏家さんがジブリ作品の中で、いちばん好きだった作品が高畑勲監督の『ホーホケキョ　となりの山田くん』である。

内容は、犬を含めて家族六人が好き勝手なことをやっているのに、気が付くと全員茶の間に集まっているという山田一家のたわいのない話。山田一家の特徴は、それぞれが昨日のことは水に流し、明日のことは吹く風まかせ。いつだって「いま、ここ」のことしか考えない。だけど、みんな、幸せだった——。

そのことを知って周りの人たちが戸惑っていたのを今でもよく憶えている。氏家さんは、なぜ『山田くん』が好きだったのか。

かつて日本映画は、家族をちゃんと扱う作品が多かった。それが絶えて久しい時期に『山田くん』は企画された。その時期、高度経済成長と共に成立した近代家族の崩壊が始まっていた。

今回、細川住職の話を聞きながら、ぼくは『山田くん』のことばかり考えていた。山田一家の面々は、みんな赤ん坊のように日々を送っていた。

一本の映画で、家族の崩壊を押しとどめるなど、無謀な闘いであることは先刻承知だった。しかし、一矢報いたい。そんな気持ちが、この映画を作らせたのだろうか。企画をしたのは、誰でもない。このぼくである。

完成した映画『山田くん』の興行成績は惨憺《さんたん》たる結果だった。ジブリ唯一の赤字作品だ。

その内容が時代の気分と大きくかけ離れていた結果だと思う。しかし氏家さんは、そんなことに左右される人ではなかった。数年後、高畑監督の新作を見たいと言い出した。

「俺の〝死に土産〟を作ってほしい」。それが『かぐや姫の物語』となって結実する。

ちなみに『ホーホケキョ　となりの山田くん』は、後に米国の美術館ＭｏＭＡの要請により永久所蔵されることになる。

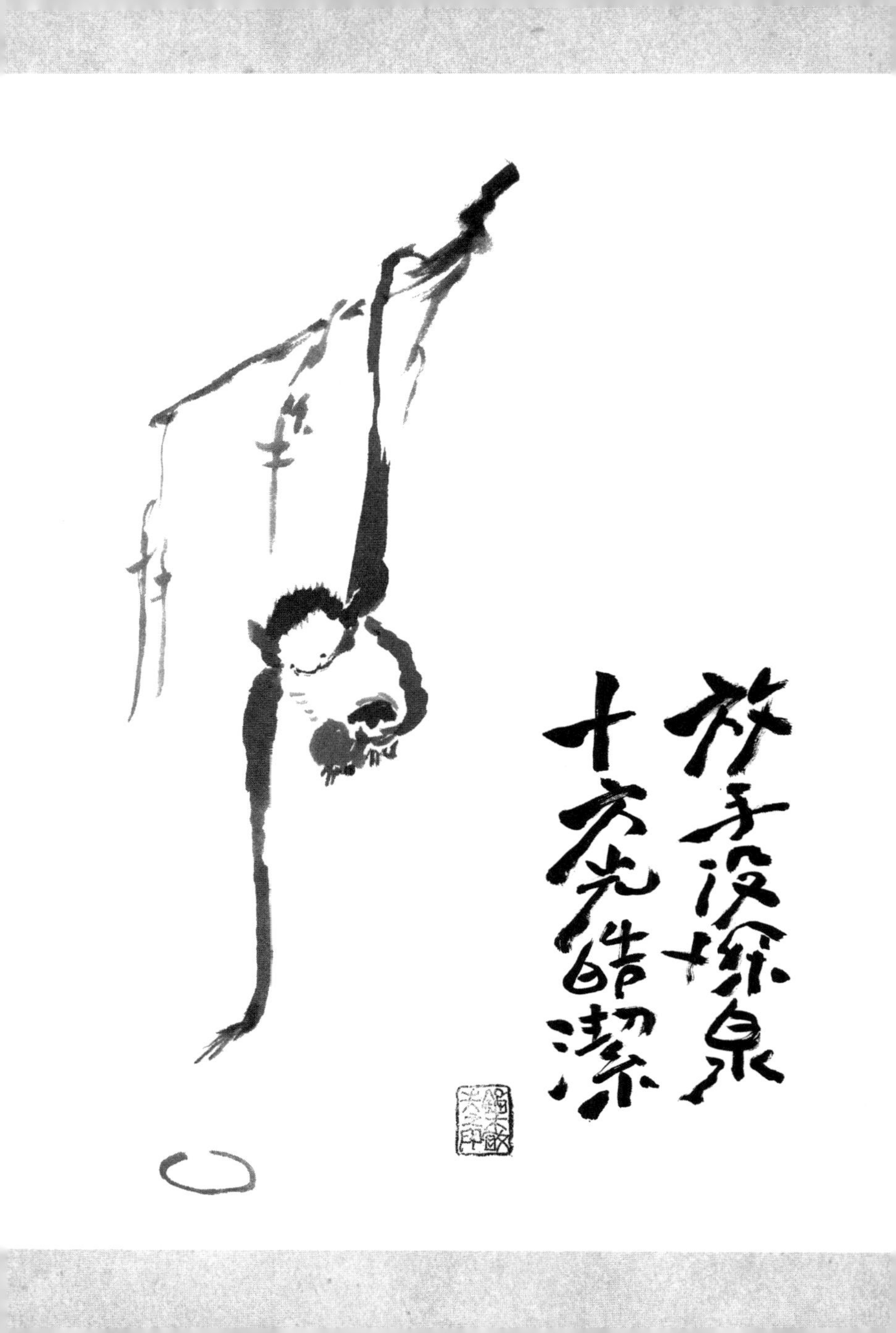
放手没深泉
十方光皓潔

3

坐禅は「ゴミ捨て場」

細川　今、坐禅がブームと言われているんです。私どもの寺では、毎週日曜日の午前六時半から坐禅会をしていますが、休日なのに早起きしていつも百人くらいいらっしゃいます。今の時代、「何かをしたら、何かを得たい」という気持ちが強い。しかし坐禅は何かを得るというより、捨てる場だと思うんです。私はよく「坐禅はゴミ捨て場」と言っています。何かわからないことがあると、すぐにスマホに答えを求めてしまう時代だからこそ、ちょっと立ち止まって、自分にベクトルを向ける時間。

鈴木　僕も、何でもすぐスマホで調べていましたが、最近我慢するようになったんですよ。簡単に調べないで思い出そうとする。その時間が無駄に思えるけれど、実は大事なんじゃないかと。

細川　辞書で調べていた時間が無駄だったかといえばそんなことはなかったわけです。かつて新幹線が開通したとき、谷川俊太郎さんが「この速度は早すぎて間が抜けている」という詩を書かれたんですね。車窓の外で田植えする人々の姿を見ることがで

『魔女の宅急便』は
自分との対話の映画だと
思っているんです。

——鈴木

『魔女の宅急便』

きない。便利になったものの、どこか間が抜けている。便利になりすぎたからこそ、止まる時間が必要だということだと思います。

鈴木　それ、非常によくわかりますね。

細川　私は『魔女の宅急便』が大好きなんです。あの映画で、ある日急に飛べなくなった魔女の少女キキが、友人の少年トンボを助けるために、また空を飛ぶじゃないですか。これって私たちにもあることですよね。心が傷ついて当たり前にできていたことができなくなり、無心になった瞬間に、またそれができるようになること。キキがまた空を飛べるようになったのは、風邪を引いて寝込む、あの場面があったからじゃないか、と思いました。自分にベクトルを向けていく坐禅のような時間だったんじゃないか、なんて。そうすることで、自分なりの答えが出てくると。

鈴木　『魔女の宅急便』を作るときに、宮さんと僕が考えたのは、「空を飛ぶ能力は特別か」ということ。それで、「特別ではない」と決めたんです。絵がうまいとか、走るのが速いといった、誰しもひとつは持っている得意なことに過ぎない、と。そんなことを考えていました。

細川　そうか。魔女の話だと思うと他人事のようですが、自分に置き換えて考えられますよね。……ところで、ずっと気になっていたのですが、キキの相棒の黒猫ジジはどうして途中から話せなくなったんですか？

鈴木　話す必要がなくなったんでしょうね。僕は、あの映画をキキとジジの対話の映画じゃないかと思っているんです。つまり自分との対話。まだ自己を確立していないキキが自分になるプロセスを映画にしたんですね。

細川　うわー。すごいっす。

鈴木　自分が自分になれば、もうジジは話さなくなる。

細川　それ、妹に言ってもいいですか？　二人で「何でかな」って話していたんです。

鈴木　（笑）。実はあの映画は、制作に入る前に宮さんは毎日もがいていたんですよ。ある日「鈴木さん、散歩に行こう」と声をかけてきて、かれこれ三時間、歩きまくりました。ヘトヘトに疲れて喫茶店に入って席に着いたとたん、彼が「何を作ったらいいんだよ！」って言うんですよ。原作はある。でも何を描いたらいいのかわからないって。そんなとき、僕は何か言わなきゃいけない役回りなんですねえ。そこで僕が言ったのは、「思春期」。「宮さんはすでに子どもは描いた。大人も描いた。でもその間にある思春期はまだ描いていないでしょう」と。そしたら、彼は「わかった！」と手を叩いて、突然そばにあったペーパーナプキンにキキの顔を描いたんです。見るとね、付けているリボンが大きいんですよ。思春期の女の子だから、彼女を守ってあげないといけない。「このリボンが彼女を守るんだ」と言ってね。そして相棒としてジジを設定することで彼女の成長を描く。これがあの映画のテーマでしたね。

「一日暮らし」の女の子

細川　先ほどの新幹線の話でも、今なら新幹線で東京から京都まで二時間ちょっとで行けますが、かつては一カ月くらい歩いて行ったわけでしょう。それが不幸だったかというと、その間に出会いがあったり、景色を眺めたりする豊かな時間だったと思うんです。

鈴木　最近僕は、好んで二度ほどタイの田舎に行ったんです。バンコクから車で五時間ほどのパクトンチャイという村です。一度行ってすごく気に入ってね。一言でいえば、流れている時間が違う。ゆったりなんですよ。
　もうひとつの気に入った理由は、日本で出会ったパクトンチャイ出身の女の子に惹かれたんです。というのは、彼女、今この瞬間のことしか考えないんですよ。とかく現代人は、昔のことや先のことを考える。でも、その子は過去もなければ未来もない、いつも「今」なんです。それがすごく強く見えたんです。

細川　「即今目前」ですね。

鈴木　彼女に子どもが産まれたということで、僕も会いにパクトンチャイへ行ったんですが、ここでもう一人登場人物がいるんです。通訳としてついて来てもらった、日本人とタイ人のハーフの男の子。バンコクに住み、東京とバンコクを往復しながら仕事をしている子なんです。僕、彼が彼女に出会ったとき、明らかに惹かれているのを見ちゃったんですよね。で、彼女は実はシングルマザーだったから、ちょっとおせっかいしたくなった。

でも、彼女は今のことしか考えないでしょう？　一方、その彼は過去・現在・未来の中で自分を考える男なんですねえ。僕が「彼女のことどう？」って訊いてみたら、彼は三つの理由によって彼女とは付き合えないと言うんです。ひとつ目は「彼女には子どもがいる、それは僕の子どもじゃない」。二つ目は「彼女には大家族がいる、みんなを支えていくのは大変」。三つ目は「僕はバンコクが好きだけど、彼女はパクトンチャイに住みたがっている」、だからダメ。一目ぼれしたクセにね。よく訊くと彼女は大家族のボスで、お母さん、弟、自分の子どもだけでなく、遠いどんなつらいこと、楽しいこともその日一日だと思えば耐えられるし、浮かれることはない。

——細川

親戚までみんなの面倒を見ないといけないそうなんです。「今」しか考えない彼女と「過去・現在・未来」を考える彼。この二人がどうなっていくか、今僕はすごく気になっているんです。

細川　なるほど……現在進行形ですか。こんな話とつながりそうですね。「一日暮らし」という言葉があるんです。白隠さんの師匠がおっしゃった言葉なんですが、「どんなつらいこともその日一日だと思えば耐えられるし、どんな楽しいこともその日一日だと思えば浮かれることはない」という意味です。

鈴木　彼女、まさに「一日暮らし」ですよ。彼女と大家族を撮った写真があって、みんなお金がなくて、その日の暮らしにも困っているくせに、それを微塵《みじん》も感じさせないすごく明るい顔をしているんです。僕の友人なんて、その写真を見て泣いちゃったんですから。「苦労しているのに、なぜこんなに明るいんだ」って。

細川　禅が目指す姿ですね。日本も昔はそうだったと思うんですよ。

鈴木　そう！　思想家の渡辺京二さんが書いた『逝《ゆ》きし世の面影《おもかげ》』という本は、幕末・明治に日本に来た外国人が国へ送ったレポートや手紙を集めた本なんですけどね。それによると、日本人はみんなニコニコしていて、子どもを大事にし、一日にわずかな時間しか働かないで、後は集まってしゃべっている。「なんていい国なんだ」というレポートばっかりなんですよ！　今、幸福度で言うと、ブータンが有名でしょ。けれど当時、日本はブータンだったわけです。それが富国強兵のために一気に変わり、その幸福をみんなでよってたかって失っていった。

現代は禅的？

鈴木　坐禅が注目されているというお話でしたが、時代がそっちへ移ってきていると思うんですよね。評論家の山崎正和さんが書いた『柔らかい個人主義の誕生』という本をかつて読んでよく覚えているんです。簡単に言うと、今は物をほしがる時代だけれど、物がみんなに行き渡ったら、欲望の対象が物から時間の消費に変わるんじゃないか、なんてことが書いてあるんです。それがまさに現実になりつつあると思うのは、今の若い人たちは物への執着が薄くなってきましたよね。車がほしいと言っていたのはある世代までで、その次の世代は高級車よりスマホゲームの「ポケモンＧＯ」のほうがいい、とかね。あのゲームって時間をどう使うかっていうことでしょ。

お金と物に執着してきた世代は、「今の若者はどこへ行くんだ」なんて言っているけれど、僕はね、本当の幸せを求める時代になってくると思っています。もしかしたら今の若者たちが大人になったときに、いい時代がくるんじゃないか、って期待があるんですよ。物を捨てていくのが禅の考え方だとしたら、現代は一種禅的な気分になっているんじゃないかな、って。ちょっと楽観的すぎますかね？

細川　お寺に来る方も、若い方が増えてきました。やっぱり、自分を見つめる機会を求めているんでしょうね。ヨガをしたり食生活を変えたりする一環で、坐禅をする。時間の使い方が変わったということですよね。

鈴木　映画のことで言うと、今の世の中で、「生きるとはどういうことか」をテーマに映画を作るのは、ものすごく難しいんですよ。現代の生き方そのものが複雑怪奇だから。何に手触りがあるのか、実感を持てるのかがわからない。でも、「どうすればシンプルな生き方ができるのか」というのは大切なテーマになってくるんじゃないかな。手に入れたものをどんどん捨てる、ということが必要なのかもしれません。

いや、住職とは話が止まらないな。もう一度、時間をとってお話ししましょうよ。

細川　ジブリ美術館にお邪魔してみたいんですが……。

鈴木　そうですね。僕がご案内します。

問答後談

宮崎駿は「いま、ここ」の人である。加藤周一さんに倣《なら》うなら、明日は明日の風が吹くし、昨日のことは水に流す人だ。「いま、ここ」に誠実であるがゆえに、過去に自分が何をやったのか何を言ったのか、よく憶えていない。細川住職の指摘する「一日暮らし」を生きて来た人だ。だから、「引退宣言」を繰り返してきた。

あまり知られていない話を披露するなら『風の谷のナウシカ』を作った直後にも「二度と監督はやらない」と宣言した。質の向上のために仲間たちに罵声を浴びせなくてはいけないのが監督の役割。「もう友人はなくしたくない」が、その理由だった。

あれはもう三年以上前になる。盛大な引退記者会見を開いた。それを再び、去年秋放送のNHKスペシャルでひっくり返した。監督への復帰宣言だった。番組のタイトルが素晴らしかった。まさに「終わらない人 宮崎駿」である。

「これまで等身大の自分をさらけ出した作品は作ってこなかった。最後にそれをやりたい」

宮さんとしてはやり残したことがあると言い出した。おいおい、これまでだって、十二分に自分をさらけ出していると言いたかったが、ぼくは、失笑をこらえつつ同意した。

本人の思惑は別として、宮さんは〝自伝〟以外の作品を作ったことはない。今回は、その色が濃いということらしい。「いま、ここ」でそう思っているのだから、誰にも止められない。できている絵コンテに目を通してみた。自分の少年時代を描いていた。

で、問題はこの先だ。宮さんは、この正月で満七十六歳になった。宮崎家は親戚をふくめて八十歳の壁を超えた人は皆無らしい。去年の秋、長兄が七十七歳で亡くなり、宮さんのお父さんは享年七十九歳だった。

「作っている途中で死ぬかもしれない」

その気持ちが彼を駆り立てる。ぼくの老後の楽しみはどこへ行ってしまうのか。しようがない。宮さんと共に生きて来た人生だ。協力せねばと覚悟した。

第二回

ふたたび細川晋輔《しんすけ》和尚を迎え、鈴木さんの案内で三鷹の森ジブリ美術館を見学してから対談開始。オリジナリティーや近代的な自意識など対話は白熱した。

（二〇一六・十二・九）

薫習

4

オリジナルということ

細川　今日は、念願の三鷹の森ジブリ美術館を見学させていただけて、興奮しています。まさに想像力の宝庫でした。ところで、最近気になる言葉がありまして。「誰にも真似できない」というホメ言葉です。「似る」という言葉は禅的に大きな意味があって、禅語では「○○に相似《あいに》たり」とよく使われます。ですから、「真似できない」を売り文句にすることに違和感があるんです。それで、「似る」ということについて、鈴木さんにお訊きしたいなと。

鈴木　僕らの世界だと、創作としてオリジナルなものに著作権が発生します。僕は著作権についてはかねがね疑問があるんですよね。どんな作品も、さまざまな人やモノに影響を受けた上で、生み出されるわけじゃないですか。もしそれをすべて否定して、「誰の真似もしていない、オリジナルだ」と主張しすぎるのは、なんか違うんじゃないかな。宮さん（宮崎駿《はやお》監督）も、いろいろなものに影響を受けていて……影響って、いわば真似るということじゃないですか。彼がおもしろいことを言っているんです。「俺がわからないように真似ろ」。

細川　おもしろいですね。今のアニメで、ジブリの影響を受けていないものはおそらくほとんどないと思うんです。それは喜ばしいこととお考えなんですか？

鈴木　だからね、僕も宮さんの言葉を借りて「わからないように真似ろ」って言ったりしますね。真似は真似でも、直接的なのが多いんですよ。僕は宮さんとは付き合いが長いでしょう？　だからこそ彼の一枚の絵ですら「あっ、あの人の影響だ」ってわかるんですよ。でも普通の人が見たらわからない。絶妙ですよ。

細川　真似すること自体を否定しているわけではないんですね。

鈴木　そうなんです。「真似は当たり前だろ」って言っているんです。でももとがわかっちゃいけない。もうひとつ、宮さんはすごくうまい言い方をしていて、「作るということは、誰かからバトンをもらうんだ」と。これも言わば「真似る」ということですよね。それを、また誰かに渡す。彼だっていろんな見たもの、経験したことから作品を作ってきたわけです。

細川　なるほど。

鈴木　僕も記憶に残っていた詩をもとに、キャッチコピーを書いたことがあります。後で調べたら、もとの詩とはずいぶん違っていたんですけど（笑）。あいまいな記憶を宮さんは「作るということは、誰かからバトンをもらうんだ」と。

——鈴木

『風立ちぬ』

もとに作ることで、オリジナリティーになる。だんだん僕も宮さんに似てきたんだね。宮さんも、資料を見ずにあやふやな記憶で描いちゃうから。

細川　でも、まず真似してもいいというのは、若いクリエーターは自信を持つんじゃないですか。今の人たちが生きるのが苦しいと感じるのは、手渡されたバトンを持ったままゴールしようとするからだと思うんです。誰かからバトンを受け取って、誰かに渡すと思うと、自分で走らなければならない距離が著しく短くなりますよね。

鈴木　『新世紀エヴァンゲリオン』を作った庵野秀明《あんのひであき》が、こんなことを言っています。「宮崎駿の世代は、もとあったものをコピーした世代だ。僕らの世代はそのコピーのコピーだ」と。その点において、彼は自分の個性を主張していないですよね。近代人は「個性」を学んだでしょ。そのために苦しんでいますよ。

細川　禅の修行では、個性なんてまったくいりません。オリジナリティーなんて一番いらない。ひたすら修行を続ければ、自然に出てくるもの、という考え方です。お経を自分の個性で解説してしまうと、仏教から離れてしまう可能性がある。だから、先人たちの解釈を、私たちもバレないように真似るんです（笑）。

師弟関係も「真似」から

細川　禅道場では上下関係がものすごく厳しくて、先輩に「カラスは白だ」と言われれば「白」。質問や言い逃れはしてはいけない、という生活です。道場に入ったときにはかなり違和感がありましたが、慣れれば楽なんです。もちろん修行を終えたら、それだけではいけないのですが、基本は師匠の言ったことが絶対であり、伝えられてきたことはしっかり守る。「一器《いっき》の水を一器に移す」という言葉を使いますが、枡に入った水を一滴もこぼさず次の枡に移すのが、私たちが「仏法を伝える」ということなんです。

鈴木　禅の師弟とはそういうものなんですね。先般ね、僕のそばでプロデューサー修業した男が、本を出したんです。そのタイトルが『自分を捨てる仕事術』。そしてオビの文句が、「三年間、俺のマネだけしてろ！」。僕の言葉らしいんですが、「そんなに偉そうなことを言ったかな」と悩みました（笑）。確かにジブリにやってきた当時の彼は、自我が強い男の子だったから、みんなで相談するときに、真っ先に自分の意見を言う。それを見ていて、「とにかく、みんなで議論するとき、しゃべらないで誰が何を話しているか、全部メモしろ」と僕が言ったらしいんです。あれからずいぶん経ったんですが、彼から「自分の考えを人と協力して作っていくことを覚えました」と言われてね。ああ、僕はそんなことをやったんだな、と。よく覚えていないけれど、こいつから自我を取っ払おう、そうしたらモノになるかもしれない、と考えたことは確かなんですよ。

細川　なるほど。私は、「薫習《くんじゅう》」という言葉が好きなんです。薫りで習えと。禅の世界では、誰も手取り足取り親切に教えてはくれません。かといってできないと怒られる。それでどうするかというと、先輩がどうやっているかを観察して真似るんです。「薪《たきぎ》でご飯を炊くにはどうしたらいいんだ」とか。今まで炊飯器しか触ったことのない子が、先輩の後姿を見て習うんです。

鈴木　勉強になりますね。

細川　背中を見て感じていく、というのも私たち若い世代が忘れていることかもしれません。教えてもらうのが当然になってきてしまっているのかな、と。

鈴木　さっき聞いてへえ、と思ったのは、住職のお年でね、「言い逃れをしない」とおっしゃったこと。住職の年代って、おしなべて言い訳が多いじゃないですか。それをやるというのは大変だったんじゃないんですか？

細川　何か言われると、「いや……」から入ってしまう自分がいて。承服できないことも、「ハイ」から入れば、いったん受け止めて対応できるんじゃないか、というのは気にしています。「いや……」で始まるのか、「ハイ」と言って反論するのか、言葉のキャッチボールは難しいですね。

『宮本武蔵』、読んだ？

鈴木　住職が、今回の対談にあたって事前にいくつか禅語を挙げてくださいました。その中のひとつ、「本来無一物《ほんらいむいちもつ》」。これがねえ、吉川英治の小説『宮本武蔵』に出てくるんですよ。

細川　ええ、そうですね。クライマックスで。

鈴木　『宮本武蔵』って、僕は中学生のとき初めて読んで以来、高校、大学と、繰り返し読みました。多感な時期に影響を受けたんですけれど。その中に「無一物」という言葉があって、わからないながらに「ウーン、そうだよな」って一所懸命思ってた。

自分が無一物だと認識すると悩みも自分の影法師でしかない。

――細川

『ゲド戦記』

細川　「無一物」は、小説の中で妙心寺の愚堂東寔《ぐどうとうしょく》禅師が武蔵に伝えた言葉です。武蔵が恐れていたのは、人の恨み。剣の道は人を殺《あや》める道ですから、顔も知らない誰かから恨まれていることを、武蔵は小説の終盤で恐怖します。そこで愚堂禅師に教えを請うたところ、禅師は「無一物」と一言だけ言って立ち去ってしまう。それを武蔵は毎日追いかけて、その意味を知ろうとするんです。そしてついに立ち止まった禅師は、武蔵の周りに木の棒で円を描いた。円を描かれた武蔵は、「円を拡げてみるとそのまま世界となり、縮めてみると、自己がある」ということに気付くんです。自分は本来無一物、何も持っていない。すべての縁によって自分が成り立っているとわかったというんです。

鈴木　「無一物」とは、そういう意味でしたか。ほおー。

細川　単に「金も名誉もすべて手放せ」という意味ではなくて、自分が無一物であることを認識すると、悩みも自分の影法師でしかない、と。鈴木さん、あの長い小説で「無一物」という言葉をよく覚えておられましたね。

鈴木　いやあ、染み付いちゃって、忘れないですね。

細川　前に、鈴木さんから「『宮本武蔵』、読んだ?」と訊かれて、改めて読み直しました。私も中学生の頃に読んだのですが、禅語について全然気に留めていなくて。

鈴木　お話を伺っていると、もう一度読み返したくなりました。どう感じるんだろう。長い間読んでいませんから。

細川　すべては、あらゆるものとの関係性で動いていく。自分だけでゴールを目指すと疲れてしまいますが、誰かにバトンを渡すと考えると、「本来無一物」という考え方につながっていきます。自分で完成させなくても、誰か身近な人にバトンタッチすればよい。それは幸せな生き方なんじゃないか、と思うんですよね。

鈴木　それこそ、今日僕らがあるのは、太古からいろいろな人が日本という島で感じ、考えてきたものが、脈々と受け継がれてきているからなわけです。そうしたら「全部が俺だ」ということはあり得ないわけで。

細川　でも、武蔵が悩んでいたような時期というのは、誰しも必要なんですよね。「世の中捨てたもんじゃないよ」というのがジブリの基本姿勢だというお話でしたが、そのとき鈴木さんの言葉で印象的だったのが「でも、少しは努力しないといけないよ」っていう付け足しで……。

鈴木　ははは。

細川　ただ居るだけで生きるに値するのではなく、やっぱり僕らももがくことは必要なんじゃないかな、と思うんです。

問答後談

子どもの頃、といっても中学生の頃の話だ。坂本九のモノマネがうまかった。声を出すときに鼻にかけると九ちゃんの声になる。そのことを発見したときは嬉しかった。今でも、親しかった同級生に会うとからかわれる。歌ってみせて、よく自慢していたらしい。

「似ているだろう」

日本語を英語のように歌う。それが九ちゃんの歌い方の秘密だった。もうすぐ東京オリンピック。世界は希望に満ちていた。両親の映画好きのおかげで、ぼくは毎週映画を見に映画館へ通った。

映画五社、当時、日本映画は五つの会社がしのぎを削っていた。それぞれに個性があった。時代劇だと刀のぶつかる音と人を斬る音が評判になっていた。多感な時期だ。作品を選ぶことなく映画を見まくっていたぼくは、その音が制作会社によって違うことに気づく。中でもぼくは、『座頭市《ざとういち》』と『眠狂四郎《ねむりきょうしろう》』の大映の効果音が好きだった。

刀のぶつかる音が硬質で、その音を聞くと身体中が反応した。どうやればあの音が出るのか。売り出されたばかりの民生用のテープレコーダーが少年たちの憧れの的《まと》で、英語の勉強のためだと親にねだって、それを手に入れたぼくは早速いろいろ試してみた。

大きなスプーン二つを空中でぶつける。その音が出た。しかし、床に落ちる音がうるさい。座布団を持って来て、下に置くと音が消えた。レコーダーに収めて、ひとりほくそ笑む。少年の日のささやかな愉しみ。人を斬る音は口でやった。学校でその音をやってクラスメイトの歓心を買うことに努めた。

『もののけ姫』で効果音が問題になった。サンとエボシ御前の戦い。御前の刀は鋼、サンのそれは動物の骨。いったい、どういう音なのか。すると、宮さんが言い出した。

「このシーンの音は全部、鈴木さんに任せるよ」

大人になってもぼくは宮さんに、大映の音はこうだったと自慢していたらしい。

前後際断

5

常に新人監督

細川　先ほど話に出た『宮本武蔵』にも登場する澤庵《たくあん》禅師がよく言ったのは、「前後際断」という言葉です。「過去も未来もどんどん切り捨てていきなさい」と。そういう意味でお訊きしたいのですが、ジブリで作品を作るとき、前作のことは引きずらないんですか？

鈴木　全部忘れますよ。

細川　エッ！　反省もなさらないんですか？

鈴木　それもどっかに飛んじゃいますね。僕と宮さんに共通するのが、何でも忘れちゃうこと。努力してそうするわけではないけど、本当に忘れちゃうんですよ。あれだけ映画を作ってきた人が、新しい映画の制作に入るときの口癖があるんです。「作り方忘れちゃった」って。いつでも初心に戻れる。

たとえば、『もののけ姫』を作るとき、絵コンテを見て、その初々しさにとにかく僕は驚いたんですよ。これまで培ってきたカット割りだとか、空を飛ぶシーンだ

『もののけ姫』を見て僕が思ったのは、「これは新人監督の作品だ」ですよ。

――鈴木

『もののけ姫』

とか、自分の得意技を全部封じたんです。今までの作り方を全否定した。

細川　へえー。

鈴木　それにもうひとつ。『もののけ姫』では、「人間と自然」というとてつもなく大きな問題を扱いました。テーマをどうやって具体化するかが映画です。でも宮さんは若者と同じで、テーマが大きすぎて混乱していくわけです。そしてその混乱がそのまま映画になっている。完成した映画を見て僕が思ったのは、「これは新人監督の作品だ」ですよ。

細川　あの超大作『もののけ姫』が、ですか？　それはちょっと驚きです。

鈴木　そうなんですよ。普通、これまでよりも規模の大きな映画を制作しようとするとき、保守的になって自分の得意なもので勝負するでしょう？　ところが彼はそれを全部ナシにして、まるで新人監督のような作り方をしたんです。公開当時、世の人は平気で「宮崎アニメの集大成」という言葉を使いましたが、僕は「嘘。どこが」って。『もののけ姫』って、映画としてはバランス配分がものすごく悪い。でも、それが妙な粘りとなり、作品の力になっている。この人は五十歳を過ぎてもこんな初々しいものを作れるんだと驚きました。まあ、不思議な人ですね。

細川　まさに「前後際断」だ。

鈴木　宮さんにまつわる、嘘みたいな話はいっぱいあります。だから付き合っていていまだに飽きないんですよ。ついでに言っちゃいますと、朝二人で話していると、僕もたまには彼に衝撃を与えるいい話をするんです。「鈴木さん、それおもしろい」って。それでお昼を挟んでまたやってきて、「鈴木さん、いいこと思いついたんだ」と言って話し出すのが、朝、僕がしゃべった内容なんですよ！

細川　わはは。

鈴木　「どう？」って言われても（笑）。僕、言葉の返しようがないですよ。

細川　（笑）。常に今しか見ていない。留まらないからこそ常に新鮮でいられる、ということなんでしょうか。私たち禅僧の理想とする境地ですね。たとえば私が寺で毎週末に坐禅会を開くようになったとき、初めは緊張もし、予習もしましたが、毎週やっていると段々慣れてくる。

鈴木　「狎《な》れ」になってきますよね。

細川　やっぱり新鮮さを失います。常に初めて体験することのように感じながら生きていく、それが禅の理想とする生き方なのですが、実際には難しい。宮崎監督は、それを地でいってらっしゃるんですね。禅が目指すのは、禅だけが至れる場所ではなく、それぞれほかの道からでも行ける場所。禅はひとつの手段でしかないので。

鈴木　宮さんは「今、ここ」への集中力が半端じゃないのは確かです。

細川　「日々是好日《にちにちこれこうじつ》」という言葉がありますが、「いい日ばかりじゃないけど、いかにいい日にしていくかが大事なんだ」、というのがこの言葉のメッセージです。宮崎監督も、鈴木さんも日めくりカレンダーなんじゃないでしょうか。とりあえず今日、そしてめくったら忘れる。

鈴木　そうすると一日が楽しいですよね。まあ、この期に及んで、宮さんと二、三時間しゃべると、後でぐったりきます。やっぱり集中しているんですよ。四十年間付き合って、それができるというのは、いい人と出会ったんだ、と今も思っています。

僕らの会話は、よく「二人が何をしゃべっているのかわからない」と言われます。何かについて話し合っても答えが出ないとき、雑談に入るんです。雑談と言っても、彼も僕も勝手にしゃべって、会話として成立してないんです。でも、ある瞬間、戻る。だからその場にいる人はね、何なんだこの二人はって。たぶんね、雑談しながら、二人共さっきの問題について考えて、その答えを一所懸命探しているんですよ。だけど表面上はニコニコしながら、「あの人どうしたんでしょうねえ」なんてやっているわけです。それをどのタイミングで戻すか。ある意味禅問答だよね。

それで、今日の話ともちょっと関係があると思うんですが、四十年付き合って、昔の話をしたことがないんですよ。それが最大の特徴。「あのときこうだったね」「将来こうしよう」もないんですよ。たいがい日常茶飯の話。時としてくだらない話もしているんですよ。「スタジオのあいつと、あの子がデキてる。どう、知ってた？」とか。それで僕が「知ってた」と言うと、彼がくやしがったり（笑）。そういうくだらない話。それが、長く続いた秘訣なんですよ。たぶん。

「大切なこと」と「手段」

細川　「忘筌《ぼうせん》」という言葉があるんです。筌とは魚を獲る道具のことで、「魚を得たら、その道具のことは忘れなさい」という意味です。お釈迦さまの言葉を借りると、河を渡るときは、筏《いかだ》、すなわち仏教の教えを使ってください。でも陸に上がって山に登るのなら、河を渡してくれた仏教の教えはどこかに捨てていきなさい、というのが「忘筌」。宮崎監督はまさにそうだな、と。

鈴木　その「忘筌」で思い出すのは、僕が学生時代に、ホテルオークラでプールの監視員のアルバイトをしていたときのこと。毎日来ていたオークラの社長のお母さまに気に入っていただいて、いろいろなところに連れて行っていただいたんです。学生が行くことのないようなレストランとか。

細川　おもしろい出会いですね。

鈴木　そこでその方に、テーブルマナーを教えていただきました。でもその方は「だけど」とおっしゃるんです。「一番美しい食べ方は、自分が正しいと思ったことをちゃんとやること。そうやって食べなさい。これ、一生役に立つわよ」って。後から知ったんですが、ホテルオークラの社長もテーブルマナーについての本を書かれていたんですよ。その本の中で一番大事なこととされていたのが、「自分流にやりなさい」ということ。ただしそれが、「人から見たときに自然でなきゃいけない」「その人のものになっていないといけない」と。僕はそれを読んで、「マナー通りにするより、そっちのほうが難しいよな」と思いましたが。でもその影響で、人がどう見ていようが自分流で食べるようになりました。同じことですよね。

細川　坐禅でも、作法に捉われてしまうことがあります。「作法ができていればいい」と考えてしまうと、本当に伝えたいことが伝わらないのではないかと思います。

鈴木　ルールを気にし過ぎると、本当に大事な「おいしく食べる」ことなんてすっ飛びますよね。食べるのに一所懸命で。こうして話していて、なぜあの方がそんなことを

『ハウル』のラストシーン。セリフはわずかしかありません。

——鈴木

言葉では似て非なるものしか伝えられないんですよね。

——細川

『ハウルの動く城』

おっしゃったのか、今になってわかってきました。

細川　作法と同じように、言葉も大事なことを伝えるためのひとつの手段です。禅では「不立文字《ふりゅうもんじ》」といいまして、言葉にできないものを伝えるために、あえて言葉を多用しているところがあります。でも言葉では結局、似て非なるものしか伝えられないんですよね。そこでジブリ作品で気になっていたのは、大事な場面で言葉ではなく動き、表情で何かを表していることです。

鈴木　やっぱり大切なことは言葉で説明したくない、というのがありますね。僕の印象に残っているのは、宮さんが監督した『ハウルの動く城』のラストシーン。主人公のソフィーが、年老いた魔女に、彼女が奪った魔法使いハウルの「心臓」を返すよう言うんです。魔女は一度は「嫌だ」と断りますが、あるきっかけで結局返すんですよね。そのとき何が起きたのか。セリフはわずかしかありません。ソフィーが、ただ魔女を抱きしめるだけ。すると魔女の心がほぐれて、ハウルの心臓を差し出すんです。あれはいいシーンだと思いましたね。ですから住職のおっしゃる、言葉だと似て非なるものになってしまうこともある、というのは非常にわかります。

細川　言葉ではなく「間《ま》」で伝えていくんですね。

鈴木　僕、落語が好きなんですが、柳家小三治師匠の間は絶妙なんですよ。僕なんかも人前で話すとき、それはすごく意識しますね。みなさんに考える時間を与えることを。

細川　「時間」にも「人間」にも、「間」という字が入っているんですよね。そこに空想を膨らませるチャンスが生まれる。私は、ジブリと同時に「新世紀エヴァンゲリオン」にもものすごく影響を受けたんですが……。

鈴木　わはは。すごいな。

細川　その中で、女の子二人がエレベーターで約一分間無言でいるシーンがあって。普通に考えると、三十分のテレビアニメなのにもったいないですよね。でも、その二人の関係など、すごく考えさせられたんですよ。

鈴木　それで言うとね、実は宮さんはわりと間を作らないほうなんです。次から次へとシーンを繰り出す。ジブリで間を大事にするのは、高畑（勲）さんのほうですね。ある方が言うには、映画には二種類あると。ひとつは、見ていればおもしろい、全部見せてくれる映画。たとえばスティーブン・スピルバーグのような映画です。一方、小津安二郎のような監督は、シーンひとつひとつが普通の間よりも長い。その間、観客が考えることによっておもしろくなる。そういう意味で、この二人の監督は対照的です。宮さんは間を埋めるし、高畑さんは間がある。だから、宮さんが間をこれからどう扱うんだろう、というのは興味があるんですよ。

細川　間という漢字には「めぐり合い」という意味もあるそうです。人はめぐり合うものだから「人間」と書くんだという話もあります。大切なことをどうやって伝えていくのか。仏教もそもそも、お葬式や法事をするために二千五百年前にできたわけではないので、仏教や禅の教えをどうやって伝えていくのかが一生の課題です。

「枝葉」どころか「葉脈」の時代

細川　今は何かにつけ、クレームを恐れて本当に大切なことが見えなくなっているように感じます。鈴木さんはどう思われますか？

鈴木　「みんなで渡れば怖くない」で、どんどんやっちゃったらいいんじゃないですかね。何でも「やっちゃいけない」というのは馬鹿げていますよね。

細川　『風立ちぬ』では、喫煙シーンが問題になったじゃないですか。重病の妻が隣で寝ていて、主人公が外にタバコを吸いに行くと言ったら、「嫌。ここで吸って」と。「何で病気の彼女の前で吸うんだ」と一部で話題になったと聞きました。

鈴木　すごく問題になりましたよ。自分がタバコを吸うから自己弁護になるんだけど、ひとつのことをダメと言うときに、今は必要がないものまで禁止している時代。それが気になるんですよね。

細川　残された時間がわずかな女性が、「好きな人がタバコを吸う時間さえも一緒にいたい」という気持ちがあるわけなので。

鈴木　それを感じる余裕がないんです。そこは若い人と接していて気になることが多いです。「枝葉末節《しようまっせつ》」という言葉があるけれど、ここへ来て、みんながこだわっているのは枝葉《えだは》どころじゃない。僕は強く言いたいのですが、「木を見て森を見ず」どころか、枝葉、そして現代が見ているのは葉脈です。この先はもうないと思うんです。そうすると、揺り戻しが来る気がして仕方がない。僕の期待が入っているかもしれないけれど。何で、みんな自分たちで住みにくくしているんですかね。

細川　マンションで事件があると、「これからはマンションの住人同士、挨拶をしないようにしましょう」とか。

鈴木　極端ですよね。どんなものにも二面性があるのに、一面だけを見てすべてを否定するから。寛容さも多様性もありませんよ。何かが起こると、自分たちでルール化する。そこに問題があるわけです。こんなことばかり言っていると、単なるジジイの一人ごとになっちゃうけど（笑）。

問答後談

九十二歳で亡くなったお袋は、大正十二年生まれ。一緒に散歩していると、前から歩いてくる人と交差する瞬間に声を掛けるのが得意だった。

「あなたは何年生まれですか?」

大概の人が歩みを停め、生まれ年を語った。

「昭和二年です」

「昭和五年です」

そうすると、お袋は勝ち誇ったように、

「まだお若いですねえ。私は大正十二年です」

と返し、そこから立ち話が始まる。男女は問わない。ある一定の年齢を重ねた人が標的だった。ぼくはその場を通り過ぎて、その様子を少し離れた場所から見守る。興《きょう》が乗ると話し込む。座るわけじゃない。ずっと立ったまま。相手が自分よりも年上だった場合は踵《きびす》を返す。そして、不機嫌になる。

話が長くなっても、その人の名前や住所を聞くわけではない。いつだって、その場限りだった。あれはいったい、何だったのか。さみしいから他人に声を掛ける。そうじゃない。一種の手慰み。退屈でひまをもてあましているときの小さな遊びとでもいうのか。

にしても、あの「間《ま》」の取り方のうまさをお袋はどこで手に入れ、どうやって鍛えたのか。親の欲目、いや、息子の欲目で見ても、それは絶妙だった。

名古屋で生まれ育ったお袋は、最後の十二年間を東京で過ごした。マンションの一室。どんなに親しくなった人でも、お袋は玄関口でしか話をしなかった。理由を聞くと、

「部屋にあげたら、他人は図々しくなるモノだよ」

それがお袋の決めたルールだった。

そういえばお袋の最期も見事だった。担当医から長くて一年、短ければ一カ月の余命だと告げられた翌朝のことだった。午前六時に看護婦さんが見回ったときには寝息を立てていたのに、一時間後、息を引き取った。

お袋は青春時代が戦争の時代だった。戦後は、再び、国づくりが始まった。その一員として手応えのある人生を生きた人だった。

柳緑花紅

6

変幻自在は日本の伝統

細川　禅に「壺中日月長《こちゅうじつげつながし》」という言葉があります。これにはもとになった故事がありまして、夜になると壺の中に入っていくおじいさんの話です。その噂を聞きつけた役人が、おじいさんについて壺の中に入ってみると、天国のような場所が広がっていて、いい気分で二、三日過ごして帰ってきたら、現世では十数年経っていた、と。

鈴木　ほう。浦島太郎ですね。

細川　禅語で言う「壺中」とは、時間を超越した悟りの境地のこと。壺の中に入り、出てきたときには成長しているというのが「壺中日月長」なんです。ジブリで言うと、『となりのトトロ』の茂みを潜った先にあるトトロが住む世界だったり、『千《せん》と千尋《ちひろ》の神隠し』のトンネルの向こうにある不思議な世界。そこから帰ってきた主人公たちはみんな成長していますよね。壺の中に入って出てきたときに、同じ景色なんだけど違って見えるという。そこがジブリ作品の素晴らしいところだと思います。

鈴木　確かに「この世じゃない別の世界」は、宮さんの得意な世界ですね。それで言うと、日本では時間と空間が変幻自在ですよね。アメリカのアニメーションでは、制作の前にまず粘土などでキャラクターの人形を作ります。そして、キャラクターの絵を動かすときには、その人形を写生するんです。そうすると、映画の中でキャラクターの背の高さは変わらないわけです。ところが宮さんは、キャラクターの背の高さが途中で変わる！

細川　エエッ！

鈴木　背が高くなったり、低くなったり。そのシーンの気分次第なんです。一番の典型例はね、ジブリではなく野球アニメ「巨人の星」。主人公の星飛雄馬《ほしひゅうま》がボールを一球投げるのに、三十分使うんです。時間が伸び縮みして、三十分の間に、いろいろな過去のエピソードが入る。空間だって変幻自在。飛雄馬と父・一徹《いってつ》、姉・明子、三人でご飯を食べているときの部屋の広さは四畳半。ところが、一徹と飛雄馬がケンカを始めたら、部屋が五十畳に広がるんです！　そしてケンカが終わると、もとの四畳半に戻る。これって、西洋の人には理解不能なんです。

細川　ほお。

鈴木　そもそも西洋と日本では物語の作り方が違うんですよね。評論家の加藤周一さんがおっしゃるには、「西洋の物語で、最初に決めるのはラストシーンである」と。ラ

「壺中日月長《こちゅうじつげつながし》」と聞いて「巨人の星」を思い出しました。茶の間の空間が変幻自在にゆがむんです。

――鈴木

「巨人の星」© 梶原一騎・川崎のぼる／講談社・TMS

ストに向かって物語を進めていく。一方で日本は、『源氏物語』であれなんであれ、物語がどこへ転がるかわからない。「それが日本の伝統だ」とおっしゃっているんです。子どもが育っていくみたいに、その時々で主人公を育てていくのは、日本の伝統ですよ。

細川　ジブリ作品もそうやってできていくんですか？

鈴木　宮さんはそうですね。その効用もいっぱいあるんですよ。スタッフ全員が、宮崎駿の物語がどこへ向かうのか、ハラハラドキドキでしょ。そのドキドキがある緊張をもたらして、作品としてはいいものができやすい。一方、高畑さんは逆。大体物語が最初から最後まで頭に入っているんです。高畑さんは、絵コンテを途中から描き始めて、いろんなところをちょっとずつ描いて、後でひとつのものにする。何でそんなことができるかと言えば、最後まで見えているからでしょ。これって大きな違いですよね。

世の中はギブ・アンド・ギブ

細川　西洋と日本ということで言いますと、ジブリの『レッドタートル ある島の物語』。ヨーロッパの監督ですが、非常に日本的だと感じました。あの作品は、無人島に流された男が何とか島を出ようと失敗を繰り返すうちに、結局人間は自然の一部だと気付き、島で生きることを受け入れる話ですよね。

鈴木　そう、その通りです。

細川　私は禅の「柳は緑、花は紅《くれない》」に通じる映画だと思ったんです。見たもの、聞いたものを、そのまま受け止める心。私たちも所詮、自然の一部でしかなくて、身構える必要などない、という考えです。特に『レッドタートル』の絵本版は、〝島〟の視点で描かれていることに感じ入りました。

鈴木　そうなんですよ。絵本版に言葉を添えた作家の池澤夏樹さんが、「島が語る」という形を思いついたんです。その裏には「近代人は、近代的自我の発見によって苦しんでいる。あの発見は、人間にとって不幸だったんじゃないか」という池澤さんの

「柳は緑、花は紅」。私たちは自然の一部でしかなくて、身構える必要などない。

――細川

『レッドタートル　ある島の物語』

指摘があります。日本だと夏目漱石や森鷗外、彼らがその小説に自我の苦しみを描くわけでしょう？　当時は、そういう一部の選ばれし人たちが苦しんだわけだけれど、現代は、その近代的自我が大衆化しちゃった時代。みんなが、それに苦しんでいる。

細川　だから自然そのものである「島」の視点で描かれたわけですか。

鈴木　そうです。「自分」にこだわるから世の中がややこしくなるわけで、「自分」さえなくなれば、気が楽になるんじゃないかな、と。

細川　鈴木さんは、ご自分のことで悩んだりなさらないんですか？

鈴木　そもそも僕は、自分自身と向き合うことが極めて少ないんです。特にある年齢になってから「生きていくことは人のために何かすることかな」と思うようになりました。それはね、仕事っていろんな人の力を借りて、自分もその人たちに何かお返しをする、その連続だからです。六十八歳になって、考えてみると結局それだなと。僕は一日の大半を人のことを考えるのに費やしていて、自分のことを考える暇がないんですよ！　そうすると、悩み込んだり、鬱《うつ》になることがない、という効用もありますね。

細川　すごくいいお話です。

鈴木　自分の中で印象に残っているできごとで言うと、日本テレビの会長をなさっていた氏家齊一郎《うじいえせいいちろう》さんが、あるとき僕にこう言うんです。「敏ちゃん、人生ってのはな、ギブ・アンド・テイクを考えているうちはダメだよな。年取ったらわかるけれど、世の中はギブ・アンド・ギブだ」って。見返りすら求めないということ。ある年齢に近づくと、自分もそういうところに近づけるのかな、っていうのは思いますよね。

「道楽」でいこう

細川　「生業《なりわい》」という言葉がありますよね。「生活するための仕事」という意味合いが強い言葉ですが、自分にとって僧侶とは「生業」なのか「生き方」なのか、といろいろと考えた時期があったんです。考えるうちに、いい言葉に出合いました。「道楽」です。道楽は今ではイメージの悪い言葉ですが、本来は「仏道を歩むことを楽しむ」という仏教用語なんです。そうなれるといいな、と。

鈴木　「道楽」って仏教の言葉なんですか!?　驚いた。岩波新書から出した僕の本のタイトルが『仕事道楽』。好きな言葉のひとつですよ。そのタイトルを見て、宮さんは

「仕事が道楽とは何だっ」と怒りました。彼はまじめな人なんで、違和感があったんでしょうね。彼にも理解してもらいたかったけれど、やっぱり僕は仕事とは道楽だと思ったんです。

細川　鈴木さんは、まさに生きることを「道楽」にされている気がします。いろんな悩みを抱えている方も、そう思えれば気持ちがずいぶん楽になると思うんですね。鈴木さんのこの仕事場を見ていると、楽しみにあふれている気がしますが、どうしたら鈴木さんみたいになれるのでしょうか？

鈴木　僕に言えるのは、「オン・オフを作るな」ということでしょうか。「頑張るとき」と「解放されるとき」、そうやって境界線を引くから疲れるんじゃないですか。いつも同じ気持ちでいられたほうがいいと思うんです。「ここまでは仕事で、ここからはプライベート」。それ、くだらないですよね。「世を忍ぶ仮の姿」なんてあり得ませんよ。だって、すべて自分なんだから！　ところが、人間はそういう区分けをおそらくある時代に学んだんでしょ。それによって自分を追い詰めている。僕なんかはそういう気がして……。

「おせっかい」の力

細川　『レッドタートル』のお話にもつながりますが、「自我」ではなく「自己」についても考える必要があると思うんですよ。

鈴木　その違いもあるんですね。ぜひ伺いたいです。

細川　「自我」は自分だけが、という心。一方「自己」は、じっくりと見つめるべき対象という考えです。自我を捨て、自己を見つめることが禅では大切にされています。

鈴木　それはおもしろいですね。

細川　英語なら「エゴ」と「セルフ」と言い換えられると思います。エゴは捨て、セルフは忘れてはいけない。「自己をしっかり持ちながら誰かのために生きていく」、そうみんなが考えられれば、やさしい社会になるのでは、と。

鈴木　それと、自分が幸せになりますよね。そんな気がします。

細川　確かに。それはかなり仏教的なご意見だと思います。

鈴木　僕、自分のことをおせっかいな奴だと思うんです。なぜかと言うと、独身の男女を

「自我」は自分だけが、という心。
「自己」はじっくりと見つめるべき対象。

――細川

見ると、無性にくっつけたくなるんですよ。別に二人の相性がよさそうだとか、根拠があるわけじゃないんです。ただ何となく。だって男女がくっつく理由は、結局ウカツとか軽はずみ。それで結ばれればかまわない、と、どこかで思っているんですよ。自分もそうでしたし（笑）。

細川　流れで何となく（笑）。

鈴木　その程度の感覚で、実を言うと、気付いたら相当いろんなカップルを作ってきて、幸せになった人もいっぱいいるんですよ。それって、僕にとっては喜びなんです。たまに人から「鈴木さん、カップルを作って楽しんでいるんでしょう？」とからかわれますが、そりゃ楽しいですよね。だっていいことだと思っているんですもん。

細川　一人よりも、誰かと生きていくほうが。

鈴木　ええ。思い返すと、先年お袋が亡くなりましてね、そのことを伝えに自分の従姉妹《いとこ》とウン十年ぶりに会ったんですよ。そしたら「私の今の幸せは、おばちゃんのおかげ」と言うんですよ。「エッ、お袋のおかげ？」とビックリしました。訊くと、お袋もいろんなカップルを作ってきていたみたいで。それでふと気になったのが、自分の娘。どうも娘も同じようなことをやっているらしい。……そうすると、親子三代、おせっかい焼きなんです！

細川　今、「結婚できない」と悩んでいる方が多いですよね。ウカツに一緒になってしまうと後悔するんじゃないか、と感じる方もいると思います。

鈴木　確かに、きっといろんな問題が起こるんですよ。起こるけれど「それでいいんじゃないの」って。人間という生き物は、どうもそうやって巻き起こる日々の混乱が喜びなんだもん。そう思っているんですけれどね。どうでしょうか？

細川　人へのおせっかいが、ご自身の道楽にもなっているんですね。

鈴木　なっていますね。僕の場合、たまさか「男女をくっつける」ということなんですが、おせっかいなら何だってかまわない、という気がするんです。

細川　論語に「己の欲せざるところ、人に施すことなかれ」という言葉があります。小学生にこの話をしたら、「じゃあそれは、『何もするな』ってこと？」と訊かれて。「いやあ、それはちょっと違う」と。「自分がされたくないことを、人にしちゃいけない」ことと、「何もしないことが一番いい」とは違う。大事なのは「自分がいいと思うことはしてあげる」、たとえそれがいらぬおせっかいだとしても。

鈴木　そうですよ。本当、世の中おせっかいが足りてないんじゃないかな。

問答後談

「柳緑花紅《やなぎはみどりはなはくれない》」という言葉を知ったのは、ぼくが高校生の頃だったろうか。それは黒澤明脚本による映画『姿三四郎』の中に登場する。

主人公・三四郎は若き天才柔道家。自分の強さを持て余し、街に出れば喧嘩に明け暮れる毎日。そんなある日、三四郎は自分の好きになった乙美《おとみ》の父親・村井半助と図らずも戦う羽目に陥る。その前夜、

「お前は人間の道というものを分かっていない」

師匠の矢野正五郎の一喝に反発して三四郎は死ぬ覚悟で池に飛び込む。冷たい水の中で一本の杭にしがみついて考え抜く三四郎。そこへ和尚が現れて、三四郎を諭《さと》す。

「その杭が何なのかを考えろ、三四郎」

そして、和尚はごちる。

「柳緑花紅《やなぎはみどりはなはくれない》」

一晩を凍える池の中で過ごした三四郎は、朝方、満月と泥池に咲いた蓮の花の美しさを目《ま》の当たりにする。

そして、その言葉の意味を理解し、柔道家として、人間として本当の強さとは何かを悟り、戦いに赴《おもむ》く。

まっすぐに正直に生きる。高校生だったぼくらは、三四郎から生き方を学んだ世代だった。ぼくは、富田常雄の原作を買い求め、本がボロボロになるまで読み込んだ。気が付くと、ノートの切れ端のそこかしこに、ぼくは「柳緑花紅」と書き込んでいた。

『姿三四郎』は、世界の黒澤明のデビュー作としてもつとに有名だ。ぼくが見たのはその再映画化作品だった。黒澤もまた、けなげに、ひたむきに、一途《いちず》に、そして一所懸命に生きる主人公像が好きな監督だった。

宮崎駿と知り合った頃、話が『姿三四郎』に及んだ。宮さんも、三四郎が大好きだった。一冊の本が、人の関係を取り持つことがある。ぼくと宮さんは一気に親しくなった。

『風立ちぬ』で、関東大震災の後、二郎がヒロインの菜穂子の女中さんを助けるシーンがある。それは『姿三四郎』の三四郎と乙美の出会いのシーンへのオマージュだった。

第三回

鎌倉・円覚寺の管長、横田南嶺《なんれい》老師に会うべく司会役の細川晋輔《しんすけ》和尚と円覚寺を訪れた鈴木さん。修行僧たちが暮らす道場を見学後、対談へ。死を身近に感じる意味、幸せに必要なものとは。

（二〇一七・三・二十八）

願心

7

流行りものが嫌い！

細川（以下——）今日は私もお世話になっている横田老師と鈴木さんにお話しいただこうと。

横田　お目にかかれて光栄です。でもね、私はジブリとかアニメとかね、いわゆる流行《はや》りものが好きではありません。そういう生き馬の目を抜くような世界でやっている人は、おっかない人だと思います。私らはこういうのんびりしたところで暮らしていますでしょう？　そんな人と話をしたって仕方ないだろうと。でも、先ほどお昼をご一緒したら、いい人やな、と思いました。

鈴木　テストされていたんですね（笑）。

横田　それに、鈴木さんの本を読ませていただいて、意外にも私と共通するのは、流行りものが嫌いだ、ということだったですね。ジブリでは流行りは追わないんですな。

鈴木　流行りを追いかけると大変ですよ。いろんなものに目を配らなくちゃいけないじゃないですか。そんなことはしたくないんです。ところで老師は和歌山県新宮《しんぐう》市の、一般家庭のご出身なんでしょう？　何で禅に惹かれたんですか？

横田　それは私の記憶に最初に残った光景と関係があります。私が二歳のときに祖父が亡くなったんです。火葬場に行って炉に祖父の棺《ひつぎ》を入れて、火を付ける。そこで「人間は死ぬのだ」と。

鈴木　記憶の原点なんですね。

横田　これが常に、あらゆるものを考える根底にあります。たとえば家族と仲良くしていても、「いずれ別れがくる」と思うわけです。みんなと楽しく遊んでいても「やがて終わる」と。そのあたりから、みんなと一緒に楽しむ世界に背を向ける性格に……。

鈴木　（笑）。

横田　そうして、小学三年の頃に、親しかった同級生が白血病で亡くなってしまうんですね。祖父のときは、自分にはまだ遠い先のことやと思いましたが、同級生が亡くなると、今にも自分の身に起こることだと思えてきた。この〝死〟とはいったい何であろうかと、訊いても誰も教えてくれない。「死に対する、自分の納得のいく回答とは何だ」と、小学生の子どもが、日々通学路を歩きながら考えていたわけです。手当たり次第に本を読んだり、キリスト教や近くの天理教の教会に行ってみたり。その中で禅宗の寺にも行き、十歳で坐禅会に参加しました。

鈴木　はあ、そういうことだったんですか。

横田　そこで、初めて禅宗の老師という方を見るんですね。それはもう直感としか言いようがないのですが、「これだ」と思ったんですよ。「この人はわかっている」。そして「学校の先生はわかっていない」（笑）。ですから、この道を追求していこうと。

鈴木　なるほど。実は僕が禅に触れたのは、この円覚寺だったんですよ。ちょうど五十年前、十日間の修行体験をしました。さっき修行道場を見学して思い出したんですが、十八歳で大学に入って、当時のアパートの近くの本屋さんで鈴木大拙《だいせつ》という禅僧の本を見付けて、なぜか買っちゃったんです。

それは、僕と名字が同じだったのと（笑）、「大拙」つまり「大いに拙《つたな》い」という名前に惹かれたんですねえ。そうすると、禅というのはいったい何なんだろうと思いましてね。それで、円覚寺で修行体験の募集を見かけたので、まあちょっと行ってみよう、と。

まず驚いたのは、食事です。一汁一菜のご飯を食べ終えると白湯《さゆ》が注がれて、お椀の中を人差し指でぐるっと撫でる。それを一気に飲め、と。それで洗ったことになるんですよね。その後お椀は、誰が使うかわからない。おもしろい世界だなあと、

非常に興味を持ったんです。

——本来、お椀は自分専用なんですが、体験だから使い回していたんですね。

鈴木　なるほど。そうかもしれません。もうひとつ興味を持ったのは、夜ですよ。寝るときは布団一枚だけで掛け布団がない。最初に指導があって、片方をぐっと曲げると掛け布団になるだろう、と。強烈でした。

横田　はあ、そうですかそうですか。

鈴木　ただ、自分にとってこういう世界は嫌なものではなく、憧れの気持ちが生まれたのは確かなんです。老師みたいにこの道に入るというのはとんでもないことなんですが、いまだに憧れがあります。

誰しも一度は心が折れる

——老師も学生のときから道場に通っておられたんですよね。

横田　そう。東京の白山道場から。埼玉県の平林寺で修行僧と一緒に坐禅をしたこともあります。私は初めて修行道場に行ったとき「これはいい暮らしだ」と思いましたね。

鈴木　何がよかったんですか？

横田　「坐禅していける、こんなにいいことはない」と思いました。ハハハ。そして その通り、坐禅して生きてきました。

鈴木　修行道場は、余計な物は何もない場所ですよね。結果として僕は映画プロデューサーなんて仕事をしていますが、今日こうやって横田老師にお話を伺って、やっぱりうらやましいというか、こういう生き方があったんだな、と感じます。

横田　田舎にいた頃の同級生に会うと「おまえはいいな」と言われます。好きなことだけをして生きている、と。

鈴木　「坐禅して暮らしていける」、いい言葉ですね。僕なんかはやっぱり悔いのある人生なんですかね。結局、自分のやりたいことをやっていないんですよ。望むことがあったとしても、結局はそれに近づかない。ただ、人に頼まれたからやるか、と。僕の口癖なんですが、気が付くと「しょうがない」って言ってる。その結果として映画を作っているだけなんです。

横田　私も今でも迷うことはあります。仏道に励む心、「願心《がんしん》」というのは絶対に続かないのよ。一度は必ず、現実の壁にぶち当たって折れてしまう。折れて妥協するか、あるいは別の世界に行ってしまうか。そこが大事なんですね。

学生の頃、私は彼（細川和尚）のお祖父さまの松原泰道《たいどう》先生のところで、掃除などの作務《さむ》をさせていただいていて、そこでお坊さんになろうと決めたんですよ。泰道先生も喜んでくださるだろうと思ったら、これが一番怒られたんだ！「私はこの世界は嫌いなんだ。もっとほかの生き方はないのか」と延々叱られる。当時先生は、淀《よど》んでしまった伝統の世界に対する反発心を持っておられたと思います。それでさんざん文句を言われました。

しかし修行中、私を助けてくれたのは、坊さんになるときに先生から叱られたこと。もし途中で「こんなはずではありませんでした。もうやめようと思います」と先生に言ったら、「それみたことか」と言われたでしょう。それは癪《しゃく》だと。あれだけ文句を言われて坊さんになったからには、そう言わせてなるものか、と思ってね。

鈴木　負けず嫌いですね（笑）。

横田　もしあのときに言われたのが「一緒にがんばろう」というような言葉であったら、やめていたかもしれません。現実の壁に突き当たり、思うようにならず、もう一度やり直す。誰でもその繰り返しですよね。

――在家から僧侶になった方は、「願心」つまり出家に対する意欲が違うように感じます。寺に生まれたからしょうがなく、ではなく、自分の意志で僧侶になろうと思った方は、始めの一歩から全然違って。川の流れが常に清らかなように、そういう方が入ってくださるからこそ、常に新鮮でいられるんじゃないでしょうか。

鈴木　そうですよね。みんな世襲だと、きっと行き詰りますよね。

――でも、世襲のよさもあって。

横田　それはそうなんです。先ほど申しましたように、願心は絶対に続きません。必ず一度は折れて、別の道に進む人もある。ところが寺に生まれた細川さんみたいな方々はですね、「願心がない」とご謙遜なさいますが、しかし長くやっていくんです。逃れようがありませんから。

鈴木　長く。うーんなるほど。

横田　長ーく、体に染み付いていくというか。そういうのも大事だと思うんですよね。一大決心して、勢いよくやっても、プツンと切れてしまっては仕方ない。

鈴木　長続きしなかったらね。

横田　必ず切れる。ずっと全力では走れませんから。その切れたときにどうなるかというのが、大事なところですね。

――『魔女の宅急便』には、「魔女は血で飛ぶ」という言葉が出てきます。初めて見たときに、流れる血が飛ばせてくれる、というのが子ども心に響きました。「私は血として宗教者だ」と言えるとすれば、二世、三世でがんばっている人には、いい励ましになると思います。

恋、しないんですか⁉

横田　ところで、私、今日のためにジブリの作品を五本も拝見したんです。私はドキュメンタリー派ですから、ファンタジーには興味がない。「何だこれは！」と言いたいものもありましたが（笑）、ゼロ戦を設計した人物を描いた『風立ちぬ』は本当によかった。仏教の教えがここに入っていると。

鈴木　エッ、どこに入っていました？

横田　それはね、先ほどの話にも出た「思うようにいかない」ということです。仏教では〝苦〟というんですけれどね。主人公は空を飛びたいという純粋な思いだけで。

鈴木　そうですよ。それだけです。

横田　一所懸命やっていたのが、結局生み出したのは戦闘機だった。「そんなこと思いもしなかった」「思うようにならない」と。主人公と女性との出会いのシーンは、飛ばされた帽子を偶然に捕まえたんでしたかね……。

鈴木　よく覚えていらっしゃる。

横田　その想い合った女性は結核で療養所に去っていく。そして自然の描写が実に美しい。印象に残っているのはあのユキノシタ。ほんの数秒間だったけれど、ユキノシタの花びらのひとつひとつが丁寧に描かれていて、足下《あしもと》に咲いている。思うようにいかないこの世の一瞬を生きている。「あのユキノシタは禅の姿だ」、なんて思ってね。

鈴木　思わぬご意見ですね。なるほど……つかぬことをお尋ねしますが、禅僧は結婚してはいけないんですか？

横田　我々臨済宗では、管長や修行道場で若い雲水（修行僧）を指導する立場の者は結婚いたしません。禅は生活そのものが修行ですから、物理的に無理でしょうな。私はいまだに鈴木さんがくるまったのと同じ柏布団で寝ています。そして「これがいい」と思っているんです。

鈴木　過去に好きになった人とか、いらっしゃらなかったんですか？

横田　そりゃ、当然ね。それが思うようにいかないわけなんです。思うようにいかないから、いいんですよね。そこに美がある。ハッハッハッ。

鈴木　はかないですね。

思うようにいかないから、
いいんですよね。
そこに美がある。
——横田

『風立ちぬ』

横田　そう、はかない。その象徴がユキノシタじゃないかなと思ってね。禅の修行はこれで終わりだというところがいまだに見えない。だから今も修行道場にいる。ゆえに未完です。（細川和尚に）あなた、軌道修正してくださいよ。我々はもう……。

鈴木　勝手にしゃべっちゃうから（笑）。

問答後談

気が重かった。横田南嶺さんにお目に掛かるのは。何しろ、肩書きは臨済宗円覚寺派管長である。それだけで〝立派そうな人〟だった。

意外に思われるかもしれないが、ぼくは人見知りをする。というか、これまで自分から誰それに会いたいと思ったことはまずない。いつだって、受け身で生きてきた。

頼るは、横田管長と知り合いだという細川住職のみ。細川住職とはこの間の対談を通じて親近感が生まれていた。それと、横田管長は細川住職の祖父・松原泰道先生に師事した人物だった。

恵比寿に集合して、細川住職も一緒にぼくのクルマで鎌倉に向かう。細川住職が「道はよく分かっています」と言っていたが、なぜか迷った。

今日の対談はうまくいくのだろうか。悪い予感が走る。細川住職は恐縮する。到着は約束の時間ギリギリになった。

いきなり、横田管長、細川住職とぼくの三人きりでお昼ご飯。メニューは〝つけうどん〟。横田管長がニコニコしながら、口火を切った。

「ぼくらにとって今日のご飯は、ご馳走です」

声が明るい人だった。声だけじゃない。人としても明るい人だった。ぼくは、少し気が楽になった。対談のさなか、この人はこの明るさをいったい、いつどこで身に付けたのか、ぼくはそればかり考えていた。それが、あの質問になった。

「好きになった人は……」

横田管長は、躊躇《ためら》うことなく応えてくれた。

「いつか自由になったら、燃えるような恋をしてみたい」

管長、ごめんなさい。しかし、ぼくは怒られることを覚悟で書きたくなった。ぼくはこのひとことで、横田管長のことを心から好きになってしまった。

それは禅の心が垣間見えた瞬間だった。

ひとすじの気持ちで、いま、ここに生きていないとこうは言えない。

生死一如

8

隠されている〝死〟

――老師の最初の記憶はお祖父《じい》さまの死の記憶だと。そこで人の生き死にに疑問を持たれたんですね。

横田　そうそう。ついでに言うと今の火葬がよくないのは、ご遺体が焼かれている間、控え室でベラベラしゃべってるうちに終わっちゃうからね。

鈴木　速すぎるんですよ。

横田　そうなの。昔は時間がかかったもんです。

鈴木　あれはね、「遺体を焼くにはこれだけかかる」という時間が大事なんだと思います。

横田　そうそう。煙突から煙が出るのを見て「ああ、あれが」って。

鈴木　今みたいに速く焼いちゃったら、死が伝わらない。時間をかければ、どんな人間だって多少はジワッときますよ。そうだ、僕は棺桶にも言いたいことがあるんですよ！　僕が子どもの頃は葬儀のとき、お坊さんが棺桶の角に釘を打ち付けたもんです。あの音がよかったんですよね。

横田　この頃はどうしてか、あれやんないのよね。

鈴木　あの音は、人が死んだことを実感させてくれるんです。老師、絶対釘を打ち付けたほうがいいですよ。そうすると死を実体化できる。僕はそう思います。

横田　同感ですね。

鈴木　僕には孫が一人いるんですけれど、彼にとっての大ばば、つまり僕のお袋の死に、三歳か四歳で立ち会ったんです。そのとき彼は、いつも遊んでいた大ばばがいなくなったことに何かを感じていました。すごくいいことだと思いましたね。ひょっとすると横田老師みたいになれるかもしれない。

横田　なっていいのかわかりませんが（笑）。

鈴木　孫に対する期待がちょっと出ましたね。お袋が亡くなってからしばらく、孫は友だちと、毎日祭壇にお参りしていたんですよ。

横田　それは感受性が強いですね。

鈴木　死は近くにあるもの、いや、なきゃいけないものだと思うんです。今の世の中、あまりにも死を隠そうとするじゃないですか。

横田　そうなのよ。テレビでも何でも、隠しちゃうでしょう。

鈴木　ジブリのことを話しちゃいますけれど、僕らは『火垂《ほた》るの墓』という映画で死体を世の中から死が隠されているとしたら、むごい死との対面は必要だと思ったんです。

——鈴木

『火垂るの墓』© 野坂昭如／新潮社 ,1988

横田　扱ったんですね。舞台は戦時中、荒れ果てた状況で死体はどうなるのか。肉は腐り、ウジ虫がわく、これをリアリズムで描いたんです。これは嫌われましたね。それでもやっぱりね、これだけ世の中から死が隠されているとしたら、絵でもいいからむごい死との対面は必要だと思ったんです。

鈴木　なるほど。鈴木さん、仏教には「九相図《くそうず》」（左ページ）というのがありましてね、これは人間が死んで朽ちていく過程を絵に描いたものです。

横田　ほお。興味がありますね。

鈴木　皮膚がふくれて破れ、ウジがわき、そして白骨になるまでの九つの段階を描くんです。「肉体はいずれこうなる」と感得することが、すなわち仏教の修行なんです。

『火垂るの墓』でやろうとしたことと関係がありますね。いや、老師にも機会があればご覧いただきたい。簡単に言うと、十四歳と四歳の兄妹が戦時下をどう生きたかという物語。最終的に二人は防空壕の中で暮らすわけですが、兄は妹を死なせてしまいます。

本来人間というのは衣食住、この三つがあれば生きていけるわけじゃないですか。それをまじめにやりたかったんです。なぜかというと、今の時代、衣食住はあって当たり前、そうすると後はみんな付加価値で生きているわけです。そこにどれだけ

肉体は滅びると感得する
ことがすなわち修行です。
——横田

九相図　第七紙　鎌倉時代・14 世紀　九州国立博物館蔵
撮影＝山﨑信一

横田　意味がないかを映画でやってみたかったんですよね。

鈴木　とてもよくわかります。

横田　その対極に、僕らがもうひとつ描こうとしたのは、四歳の女の子のかわいさ。妹の一挙手一投足をていねいに描写し、そんな女の子を押しつぶす「戦争」というものを描いてみたんです。

幸せに必要なこと

横田　衣食住とおっしゃいましたが、『臨済録』には「屙屎送尿《あしそうにょう》」「著衣喫飯《じゃくえきっぱん》」「困《こん》じ来たれば即《すなわ》ち臥《ふ》す」という言葉があるんです。「大便小便を出すこと」「服を着ること・ご飯を食べること」「疲れたら寝ること」。禅のすべてはこれだと書いている。これだけ膨大な時間、坐禅して過ごしてきた我々からすれば、結論が「着て」「食べて」「出して」「寝る」だけやと思うと、「何だ、そんなことのために」という思いがありましたけれど、ようやくこの頃ね、ああその通りだなと。

――それを体感させてくれるのが修行道場ですね。だからこそ修行を終えて世間に出ると、空腹状態でいろいろなものを吸収したくなりました。

鈴木　いやあこの間、細川住職とお付き合いをしてね、とにかくびっくりするほど好奇心が強いんですよ。ご自身から「九年間の妙心寺での修行の反動じゃないか」と伺って納得したんです。

横田　それは鈴木さんね、我々禅僧は禅の削ぎ落とした世界にずっと留まって、それで幸せだというのではだめなんですよ。削ぎ落とした世界の基本を忘れず、この現実の世界に生きなくてはならない。これが、大事なところなんですね。

——老師は最新の科学にまで目配りなさっていますもんね。先日はＡＩ（人工知能）のシンポジウムで講演されていました。

横田　ええ。やむなく勉強したのですが、その講演で一番言いたかったことは、やっぱり衣食住とかかわるんですよ。いくら技術が進歩しても、この身体はそのままで、必要なものは変わらない。技術が進歩すると、要するに身体を動かさなくていいようになっていくんですな。電車に乗り、エレベーターに乗って、それで暇があったら、皇居の周りを走ってるんです。

鈴木　矛盾ですね。

横田　皇居の周りを走るんだったら、歩いて通勤すりゃいいと思うんですがね。それは嫌禅のすべては「着て」「食べて」「出して」「寝る」。ああその通りだなと。

――横田

なのよ。身体は石器時代と変わらず、マンモスを追いかけていた頃と一緒ですから、走ると身体が喜ぶわけです。走ったって何にもならないのに。

鈴木　（笑）。

横田　……こう言いながら、私も時々走るんですけどね。

鈴木　なんだ！

横田　たまにね。東京に行ったときに皇居の周りを。

鈴木　わざわざ皇居まで。円覚寺を走ればいいのに。

横田　私だってときにはここから離れたいわけですよ（笑）。それはともかく、この間も人工知能の番組を見ていたら、十七世紀の画家レンブラントの全作品をコンピューターに学習させて、レンブラントが今生きていたら描いただろうという絵を、およそ一年半かけて作ったそうです。でも人間はね、レンブラントであっても気分が変わってレンブラント風ではない絵を描くものだと思うわけ。まったく違う絵を描き得るわけですよ。私が走りたくなるのと一緒でね。その点で、人工知能と人間はまったく違うんじゃないか、と思うんです。

鈴木　そうは言っても、人間はどんどん人工知能を作るでしょう。作りたいんだから。

横田　そう。その中で生きていく我々は、「自分に必要か必要でないか」を判断しないと大変なことになるだろうと。

鈴木　それはおもしろいですね。必要か必要でないか。

横田　だって要らないものもあるじゃないですか。

鈴木　そうです。要らないものだらけです。

横田　それを、仏教では「足るを知る」と言ったんですけれどね。自分はこれで十分だという範囲を見失ってはいけない。なおのこと、一人ひとりの判断力が必要です。それは「自分にとっての幸せは何であるか」を考えることでもあります。便利になった結果、不幸せになって「こんなはずでは」というんじゃ何にもならないと思うんですよね。

「人類は幼い」

横田　そうそう、「必要か必要でないか」で言えば、私はジブリがなくたって全然かまわないのです（笑）。今日伺った作品は見るけど、後はたぶん見ませんよ。

鈴木　（笑）。おっしゃることは本当なんですよ。本来、人間が生きていく上で、必要なものと必要でないものがあって、その伝で言えば、やっぱりジブリだって必要ないですよね。その気持ちは、映画を作るときにどこかで持っていないといけない。その上で人に何かを伝えるわけですから。本来、食べものを作るとか、生活用品を作るとか、そのほうが偉いに決まっているんですもの。それだけは自分に言い聞かせているんですけれどね。

横田　はあ。

鈴木　人間が生きていく上で大事なのは、やっぱり衣食住なんですよ。本来、第一次産業がもっともっと尊敬されるべき。第二次産業、第三次産業が出てきたから、世の中はややこしくなっているわけですからね。

ある学者がこう言ったんです。「人類というのはまだ幼い。ましてや大人になんてなっていないんだ」と。その幼い人類が一所懸命作っているのが今の人工知能でしょ。「人類ってすごい」なんておごり高ぶっていると、ひどいしっぺ返しに遭うんじゃないかな。「人類は幼い」とは大事な考えだと思います。

横田　大事ですね。幼いままに、制御できないものまで持ち出すわけだから。刀はさやに収められますが、さやに収まらないものまで弄《もてあそ》んじゃうから、困っちゃうんですね。

問答後談

三十歳の若さで妹が死んだ。

ぼくがジブリを始めた頃だから、三十五年くらい前の話だ。

名古屋のとあるマンションに、妹は高校の教師をしていた亭主とふたりで暮らしていた。ぼくは、妹の住んでいた部屋を亡くなって初めて訪ねた。通夜は、その部屋で。

遺体を前に、ぼくは複雑な気持ちだった。自分が妹について何も知らない。ふたりだけの兄妹だったのに、ぼくは、お世辞にも良い兄貴ではなかった。その夜、ぼくはお袋の取った言動に驚愕する。

今からお寺の和尚が来る。その坊主が、我が家の苗字を間違えて憶えている。鈴木をなぜか、伊藤と勘違いしている。だから「〝伊藤さん〟と話し掛けられたときに否定するな」と言うのだ。

最初、ぼくはお袋が何を言い出したのか訳が分からなかった。意味不明だった。

どういう意味なのか尋ねると理由を教えてくれた。この坊主のことを気に入らない。だから、今日はお経を読んで貰うが、後日、坊主を替えたい。お袋は通夜の客に何度も同じ話を繰り返した。

何も妹の遺体を前にとも思ったが、今さらどうにもできない。言い出したら、聞かない。親父は、そういうお袋に慣れっこだったので抵抗しない。

しばらくして、和尚が現れた。そして、お袋の言った通りに「伊藤さん」と話しかけた。

その場にいた誰もがお袋の言い付けを守って従った。お袋は気を紛らわせようとしたのか。いや、そうじゃない。通夜は妹の死から二日経っていた。悲しみに浸る時間は終わっていた。

お袋は気持ちの切り替えの早い人だった。というか、ぼくらのお袋の世代の多くが、そうやって生きていた。

ともあれ、ぼくの複雑だった気持ちが吹っ飛んでしまったことだけは鮮明に憶えている。

坐禅して人の佛になるならハ

9

「今」派と「過去」派

――老師のご著書を読んでいても、「今」を懸命に生きることを書いていらっしゃいますよね。鈴木さんも「今」のことをおっしゃっていて。

鈴木　宮さん（宮崎駿《はやお》監督）は映画を作るときにそれまで培ってきたものや成功体験、それらを生かそうとするどころか、覚えていないんです。ことさら意識しているわけではないんですが、宮さんと僕の一番の共通項は、四十年付き合って過去の話をしたことがないこと。いつも「今、ここ」なんです。

横田　なるほど。昔話をしない、というのはいいですね。

――管長も昔話はお嫌いですよね。

横田　大嫌い！　坊さんの集まりは昔話ばっかりなのよ。

鈴木　そうなんですか!?　何で？

横田　自分の修行時代の自慢話を必ずやる。だから極力行かない。そういう人と話をしたって何にもならない。修行自慢なんて、いったい何になりましょうか。

鈴木　わかります。業界のパーティーだとか、食事会とかね、僕もできるだけ参加しないですよ。本の一冊でも読んだほうがいい。

横田　そうですか。そこは共通しますね。出張先で「食事をご用意します」と言われても、私、まずお断りします。だから、駅前に立ち食いそば屋があればいつもそこで済ます。それで十分なのです。

鈴木　わかりますよ、それ。

横田　だから、過去の話をしたくないというのは、私もまったく同感ですし、実際そうやって生きてきました。しかし、この頃ふと思うのは「過去のことを振り返りつつ、そうして今がある」というのも生き方のひとつではないかということです。人工知能の講演の前は、西田幾多郎《きたろう》記念哲学館で講演があったので、西田哲学に没頭していたんです。難しいけれどね。

あの方は「我が子の死」という随筆を書いているんですね。我が子を亡くしたとき、「あきらめなさい」「死ぬのは人間の常である」とか、そんな言葉で人間は慰められるものではないと書いています。あの大哲学者が。西田は、生涯で何度も家族の死を体験した人物です。だから、亡くした子どものことを思い続けることが、せめてもの慰めであり、同時に苦痛であるけれども、自分はこの苦痛がなくなること禅では「死を問いとして、それに答えるに足る生き方をする」と教わります。

——横田

を欲しないというんです。

鈴木　悲しみを血肉化するんですね。

横田　まさに血肉化でしょう。「今を生きろ」と、そりゃ鈴木さんのような人はいいですよ。でも、過去を引きずっている人もいるんです。それを認めず「今」だけでは生きられない、ということもあるんじゃないかな。私も鈴木さんと同じ「今」派ですが、西田を知ってほかの考えもあると知りました。鈴木さんはいかがですか？

鈴木　うーん。

――「今」を生きるための肥やしにする、ということなのでしょうか。「現在・過去・未来のうち変えられるのは今だけだ」という言葉が私は好きなんです。過去も未来も変えられない。今の積み重ねこそが未来なんだ、と。

鈴木　なるほどね。どうなんだろう。うまく答えられないな。

横田　禅では死を問題にするとき、「死を問いとして、それに答えるに足る生き方をする」と教わって、私自身もそれを信条としています。「死とは何であるか」という問題を突き付けられて、それに悠然とというかな、応えるに足る生き方をしていくという。生きることとは死につつあることですからね。それを究めていくと、今を生きるということに集約してくるんでしょうけれどね。

師匠と弟子は敵同士《かたき》

――宮崎監督と鈴木さんのご関係は特別ですよね。お二人は互いに丁寧語で話していると聞きましたが、今もそうなんですか？

鈴木　今だにそうですね。宮さんは、赤ん坊を大人にしたような男なんで、この男と付き合うときは気を付けなきゃと思ったんです。どうせ僕のことを、自分の言うことを聞く人間にしようと試みるだろうから、その思惑にはまらないように、どんな距離で付き合うべきか考えたんです。

ジブリに入るときに、関係者にこんなハガキを送りました。「彼とこれから一緒にやることになりました。テーマはひとつ。『つかず離れず』」。これしかないと。近づきすぎちゃったら、ひどい目に遭いそうだったんですよ。だから、まず話し言葉を丁寧語にしようと戦略を立てたんです。

横田　それもやっぱり距離感という……。

鈴木　そうです。丁寧語にすれば、それ以上の関係にはならない。それからもうひとつ決めたのは、一緒に飯を食わないこと。何となくそう思ったんですよ。

横田　あら。今日は最初にご飯食べちゃって申し訳ない（笑）。

鈴木　だって今日は初対面ですから。もう一人、高畑勲監督という人がいるでしょ。ジブリはこの三人でずっとやってきたんです。ある日、宮さんが僕のところに駆け込んできたんですよ。階段をダダダっと上って。それで「鈴木さん、わかったことがある」と。ゼーゼー言ってるんですよ。「何がわかったんですか」「俺と、高畑さんと、鈴木さんが、なぜ何十年も一緒にやってこられたか」「何でですか」「お互いがお互いを尊敬していないよね」と。

横田　なるほど（笑）。

鈴木　言われてみると確かに、一緒に仕事をするときに尊敬の念なんて邪魔ですよね。

横田　私どもの世界には、師弟関係というのがありますがね。私らは、師匠のことをやみくもにありがたいと思うわけではないのですよ。よく言われるのは、一番いい師弟関係は、「敵《かたき》同士」だと。

鈴木　ああ、そうなんですね。

横田　二番目は「恩を感じる」、三番目は「勢いに付く」と言うんですね。いつも「この野郎」と思う緊張感がないと。

私もね、修行時代に向こうから師匠が歩いて来るのがわかって、すれ違うのも嫌だからパッと道を替えたんですよ。それに向こうも気が付いた。後で師匠がお付きの雲水《うんすい》（修行僧）に、「あいつはあれでいいんだ。修行とはそんなものだ」と褒めていたと聞きました。

鈴木　それはわかりますね。

横田　白隠《はくいん》さんと師匠の正受《しょうじゅ》老人もそうだと思います。白隠さんという方は、正受老人のもとで八カ月間修行したけれど、その後二度と訪ねていない。墓参りにも行っていない。学者の中には、恩があるのに謎だと言う方もいるのですが、私らにはよくわかります。

鈴木　そうでないと、自分が自分になれないですよね。意地でも「自分」をやらなきゃ。禅僧は師匠のコピーであってはならないと言われます。円覚寺は代々、真逆のタイプが管長になっている。初代円覚寺派管長・今北洪川《いまきたこうせん》老師は、きわめて伝統的な方。

横田　次の釈宗演《しゃくそうえん》老師はアメリカに行かれたし、イスにテーブルで参禅を受けるし、最先端の方ですよ。古川堯道《ふるかわぎょうどう》老師は、普段は円覚寺の門を一歩も出なかった。いつも境内の丘から、修行僧を見ていたといいます。その後長く務めた朝比奈宗源《あさひなそうげん》老師は海外にも行くし、幅広く活動されました。

仏教でも禅宗以外は、教祖や先代の言う通りが基本です。禅はそれをやらない。拠《よ》り所とする経典を持たない。禅僧が十人いれば、十人の禅があるのだと思います。禅という特別の教義があるのではなく、その人の生き方を問題にする。これが禅のいいところだと思うんです。

鈴木　同時に大変ですね。ひとつに決まっていたほうが楽じゃないですか。

横田　だからこそ個性豊か。もちろん、基本となる教えは決まっていますが、そのはたらきは自由なのです。「守破離《しゅはり》」という言葉もあるように、始めは忠実に教えを守って、やがてそこからも離れるのです。千七百以上ある禅問答の問題「公案《こうあん》」は、すなわち千七百の禅僧の物語なんですね。人間の数だけ、禅があるのです。

――禅の指導法として「抑下托上《よくげのたくじょう》」という言葉があって、相手をけなせばけなすほど、褒めているという。禅宗の否定は、ちょっとわかりづらいんですよね。

横田　ええ。けなしているようで内心は認めているのです。あるとき若い学生さんに「抑下托上」と言ったら、「それは老師、ツンデレですか？」と言いよりました。なんや、それは。一緒なんですか。

――ちょっと違うかも（笑）。

横田　ツンドラなら学校で習ったけど。

鈴木　（笑）。素直に言うことを聞いてたらだめですよね。僕も生意気な部下のほうが好きです。やっぱり突っかかってくる奴じゃないとおもしろくないですよ。

横田　我々の世界ではそれが少なくなってきちゃって。

鈴木　僕らのところもそうですよ。残念ながら。

坐禅は心の調合

横田　そういえば、ゲームの「ポケットモンスター（ポケモン）」を作っている人たちが、坐禅したいと来たことがあったんです。そして「こういう仕事をしていて、どうやったら心の安らぎを保つことができますか」と質問するわけです。「そりゃ簡単や、ゲームをやめるんだね」と言いましたが「やめるわけにはいきません」と。

そのとき出た話が、「自分たちの業界では常にライバル会社との競争。相手に打ち勝つように努力しなきゃいけない」。「競争心を持つのはいけないのか」という質問を受けたんです。

そこで思い出したのは、去年、臘八大接心《ろうはつおおぜっしん》（十二月一日から八日まで、坐禅をす

る法会）を終えた後、私もくたびれてね。親しい先生に漢方薬を出してもらいました。「ああ体が温まる、何が入ってるの？」と訊いたら「管長、これにはトリカブトが入ってるんです」だって。トリカブトは毒として有名ですが、実はすぐれた漢方薬なんですよ。微量に摂れば体が活性化する。大量に摂ると毒になる。怒りや憎しみ、競争心もそうなんですよ。ほどよく入っていれば、人間の体は元気になって働いていける。

鈴木　ちょっとの毒が必要なんですね。

横田　そうです。でも漢方薬なら先生が調合してくれるけれど、怒りや憎しみの場合は、それを調合するのは自分なんですよ。坐禅が自己を見つめるというのはそこのことです。どれくらい調合すれば、体を活性化させられるか。多かったら、逆にダメージを与えるわけですから。静かに坐って、自分にどれくらいのものが必要か、自分の体がどういう状態であるかを見つめるんです。

――診察みたいなものですね。

横田　それしか方法がないんです、自分の怒りとか憎しみを調整するには。そういう感情は、必要は必要なんです。

それは我々の修行でも同じです。直日《じきじつ》（坐禅を指導監督する役の僧侶）など指導するほうは徹底的にいじめ抜くんですよ。それに対してね、この野郎という気持ちにならないと、力が出ない。

鈴木　怒りは原動力になりますよね。

横田　だから私ら禅僧は、師匠がこれだと言ったら、まず絶対やるもんか！　と逆を行ったりするのです。

鈴木　それが一番楽しいですよ。だから新しいものが生まれるわけで。今日はおもしろかったなあ。ありがとうございました。

怒りや憎しみを調合するのは自分。坐禅が自己を見つめるというのはそこのことです。

——横田

『もののけ姫』

問答後談

三十年経って、ああ、そういうことだったのかと分かる話がある。つい先日のことだ。梅雨の合間を縫って、宮さんが言い出した。

「トトロの生まれた場所を案内したい」

話は何度も聞いていた。

宮さんが、日曜日ごとにゴミ拾いに出かける淵の森。そして、かみの山は素晴らしい、と。話を詳しく聞くと、このままだとこのかみの山の開発が始まる。それを何とか食い止めたい。話しているうちに、それだけじゃ物足りなくなって、ぼくを案内すると言い出した。

宮さんという人は、東京のど真ん中で生まれ育った〝街っ子〟だ。それが結婚を機に、所沢に居を定める。今から五十年くらい前の話だ。そして、家の近くを散策するうちに思いついたのがあの『となりのトトロ』だった。

新秋津の駅で待ち合わせ、まずかみの山を歩く。西武線に沿って歩く。線路と道の真ん中を雑木林が遮《さえぎ》る。気が付くと自分の居場所が分からなくなった。同行した所沢市在住のKさんが自慢する。

「土地の人は、この道を軽井沢だと言っています」

大袈裟じゃない。もしかしたら、それ以上だ。道の突き当たりを曲がると淵の森だ。宮さんから耳タコで聞かされていた地名なので親近感が湧く。そして、八《はち》国山《こくやま》へ。映画の中では、七国山と紹介されている。

松が丘を登ると、八国山へ出る。ぼくは、そこで不思議な感覚に襲われた。緑の美しさに現実感を喪《うしな》う。そこは、まるで神さまの住処《すみか》のような一隅だった。そして、ふと思った。

所沢の自然は、宮さんの身体の一部になっている。それを喪うということは、宮さんにとっては文字通り、身を切られる出来事なのだ。散歩の途中で、宮さんが洩らした。

「所沢に住んでいなければ、『トトロ』は生まれなかった」

ぼくは、宮さんに対して、初めて畏敬の念を抱いた。歩いて、観察して、感じたであろうその感受性に対して。

第四回

次なる相手は、禅僧で芥川賞作家でもある玄侑宗久《げんゆうそうきゅう》和尚。細川晋輔《しんすけ》和尚を司会役に、「日本論」、鈴木さんの「お袋」について……。鈴木さんのかくれ家「れんが屋」、そして書店に場を移してのトークイベントまで対話は続いた。

（二〇一七・五・二十四）

南無地獄大菩薩

10

生活革命とジブリ

玄侑　いやあ、今回鈴木さんとお目にかかるので、予習しなきゃいけないなと。ジブリの映画をまじめに見始めたんですが、これが楽しくて予習にならない。こんなことしていていいんだろうか、って（笑）。

鈴木　（笑）。ありがとうございます。

細川　（以下——）何をご覧になったんですか？

玄侑　いろいろ見たんですが、たとえば『平成狸合戦ぽんぽこ』。あれをねえ、高畑勲監督がお作りになったのはきっと五十代後半ですよね。本当に感動しますね。

鈴木　『ぽんぽこ』は別に原作があったわけではなくて、ともかくタヌキの映画をやろう、と。その一念ですからね。それで多摩ニュータウンの話を。

玄侑　よく実在の地名でやりましたね。

鈴木　公開後、大変でした。今、特に人口が減っている地域ですよね。あの映画の影響もあるのかな、と思いますけれど。だけど実名でやらなきゃ意味がないと考えたんですね。ひとつの山をつぶして、巨大な団地を造ったわけで、それは歴史的な大工事でしたから。

それでね、つぶされた山に住んでいたタヌキたちはどうしたんだろう、と。ささやかながら抵抗を試みたに違いない。タヌキといえば、姿を変化させる「化学《バケがく》」なんで、それを復興させて人間と闘う。アニメーションとはいえ、架空のドキュメンタリーをやろうと。高畑さんがそういうことを考えたんですね。

玄侑　昭和四十年代に始まった日本の土木に対する、根本的な敵意を感じました。その気持ちは私にもあるんです。かつて私の寺の境内の周りに、U字溝（側溝）をめぐらせたとき、近隣の木が枯れるということが起こりました。今、本堂と庫裏《くり》を改修中なんですが、U字溝の底を全部抜いたんです。抜いて驚いたのが、底の下の土が腐っている。土に対して本当に申し訳ないことをしたと思いましたね。

ところで多摩ニュータウンはね、坊さんの間でもちょっと話題性のあるところで。今は改修されてきたんですが、私が若い頃は多摩ニュータウンでお葬式があると、棺《ひつぎ》を部屋から出せなかったんですよ。それでどうしたかというと、クレーン車で窓から出した。

鈴木　当時の建物って、人が死んだときのことは考えていないんですね。「死」が身の周土木工事と闘ったタヌキたちの架空のドキュメンタリーをやろうと思ったんです。

——鈴木

『平成狸合戦ぽんぽこ』

りからどんどん離れていった時代だったから。

玄侑　うーん。昭和二十二、三、四年生まれのいわゆる団塊の世代が働き始めた頃ですよね。多摩ニュータウンができたのは。

鈴木　日本がずいぶん変わった時代です。僕らってそれを目の当《ま》たりにしてきた世代なんです。たとえば東京に都市ガスが普及する。そして、冷蔵庫・テレビ・洗濯機のいわゆる三種の神器が登場する。農業人口もあっという間に減るし。音を立てて、いわゆる生活革命が起こった。

玄侑　ジブリの最初の映画『風の谷のナウシカ』にも、大地の使者みたいな存在が登場しますね。相当、大地に対する懸念を持っているし、近代以前の在り方への憧憬みたいなものをどの作品にも共通して感じます。

鈴木　今、僕が六十九歳、宮さん（宮崎駿《はやお》監督）が七十六歳、高畑さんが八十一歳。僕らの世代は日本の変化を見てきたんです。その変化の中で、いいものも含めてたくさん失くしてきた世代じゃないですか。時代を巻き戻すことはできないけれど、過去をモデルとして新たに作り直すことはできるんじゃないかな、と。そういう考え方ですよね。ある種、映画で懐かしいものをテーマにしてきたのは、そういうところと関係があるんですかね。

“日本的”がおもしろい

玄侑　私は、ジブリ作品ってすごく日本的だと思うんです。『千《せん》と千尋《ちひろ》の神隠し』を見て、こんなの欧米の人にはわけがわからないだろうなと思ったんですよ。「穢《けが》れの神」？「八百万《やおよろず》の神が入りに来る湯屋」?!　設定そのものが、外国人が理解できるかなんて一切気にしていない。

たとえば小説家の村上春樹さんの作品って、火鉢から何から、日本にしかないものは出てこない。翻訳できないものが出てこないんです。ああいう国際性もあるのかもしれませんが、私は馴染めないんです。ところがジブリは正反対じゃないですか。『ぽんぽこ』だって、外国には「タヌキは化ける動物」という前提そのものがない。それをまったく気にしないで、「日本人が楽しめれば、海外の人も楽しんでくれる」と思っているんだろうな、と。この自信は何なのか、すごく訊いてみたかったんです。

鈴木　高畑さんの『ぽんぽこ』には、冒頭にいわば「化学入門《バケがく》」のようなシーンがあるんです。「タヌキが化ける」とはどういうことかを外国の人にもわかるように、入門編として……。

玄侑　外国人にわかるといっても、実感としては無理ですよ！

鈴木　そうかなあ。高畑さんは多少考えてると僕は思うけれど（笑）。一方、宮さんはまったく考えてません。

玄侑　宮崎監督の『千と千尋』の「釜じい」なんて、なんで六本手があるのか不思議ですよ。私はあれを見て、やっぱり忙しいし、六本くらい手がほしいんだろうな、って。宮崎監督のご自分の姿じゃないか、なんて。

鈴木　本当その通りだと思いますよ。忙しくって手が何本かほしい、そこから来ているんですよ。

玄侑　でも、そこに対して何のコメントもないじゃないですか（笑）。

鈴木　『千と千尋』に関しては、かつてＮＨＫ教育テレビで毎週日曜日に「ふるさとの伝承」という日本各地のお祭りなどを取り上げる番組が放送されていて、これは偶然なんですけれど、僕と宮さんはそれを見続けていたんですよ。『千と千尋』は、お互いその前提があったから、すぐにおもしろいということになって、やろうと。

玄侑　結局、監督や鈴木さんが楽しめることをやっていらっしゃる。

鈴木　まったくその通りです。神さまだってたまにはバカンスが必要だと。日本の人たちが何となく思っていること、それを映画にしたいという感じなんです。最初から外国の人は相手にしていないんだけど、結果として「ああ日本にはこういうことがあるんだ」という物珍しさ、それに飛びついてくれるんです。

玄侑　より日本的なほうが、興味を持ってもらえると。

鈴木　絶対そうですよ。僕らが見て育ったアメリカやフランスの映画に、日本人のことを考えて作った作品なんてないですからね。みんなその地域に根ざしてやっているわけで。映画によって何を知ったかと言えば「ああ、世界にはいろんな人たちがいるんだな」、そういうことですもの。最近、海外ではアニメ映画を作るときに、最初から世界に通用させようとして題材を選ぶんです。でも、そういうものって大体うまくいかないんですよ。だから僕、前に韓国で言ったのは「もっと韓国特有のものをやりなよ」って。そのほうが、みんな興味を持ってくれる。

玄侑　禅で言うと、世界に広まった禅は日本の禅なんですよね。発祥地のインドのものでも、中国のものでもないんです。

――どうしてなんでしょう。

玄侑　うーん。結局、宗教の最も基礎的な部分は「禅定《ぜんじょう》」（宗教的な瞑想状態）だと思う

日本の禅はほかの信仰を
肯定した。だから世界に
広まったと思います。

——玄侑

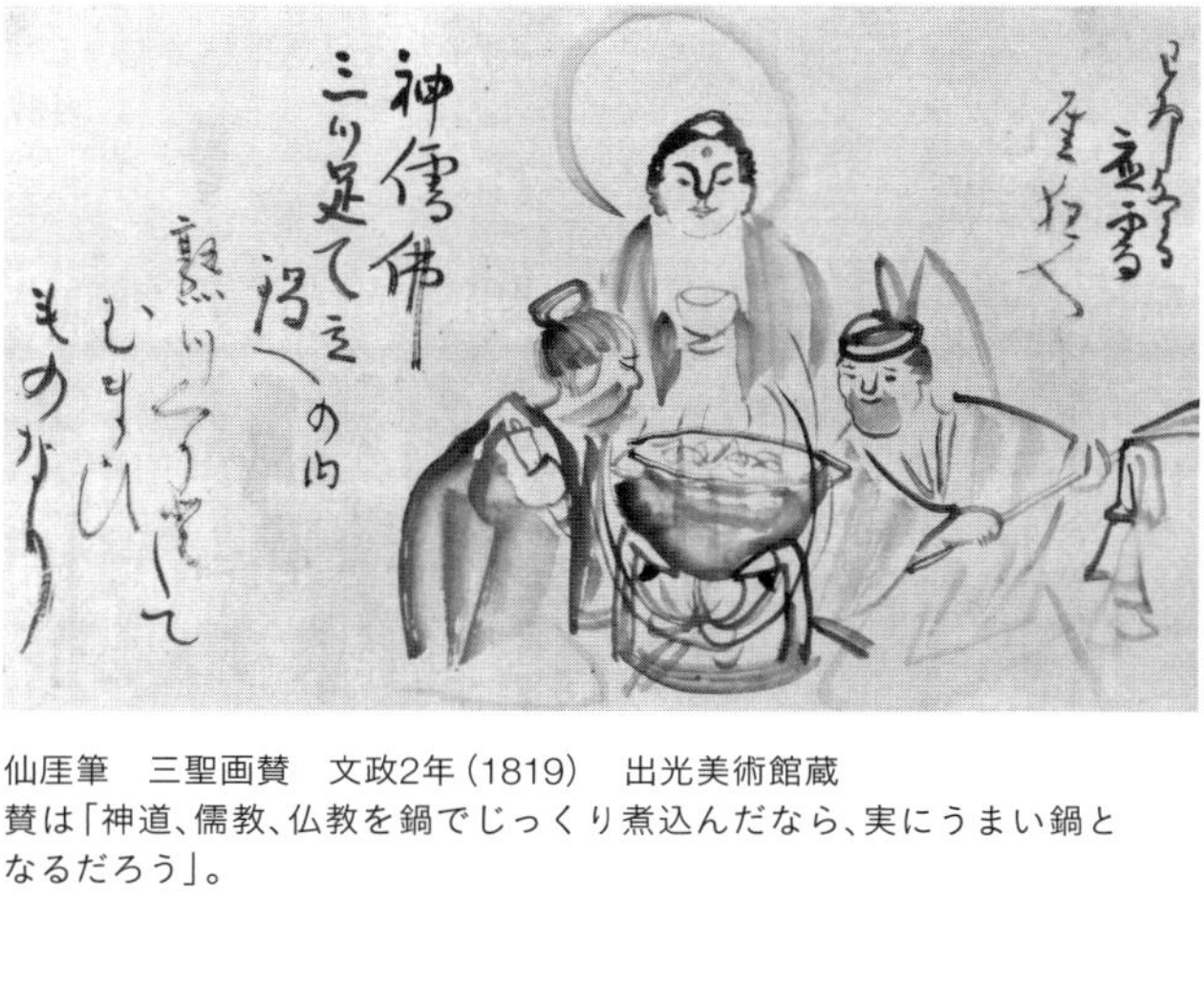

仙厓筆　三聖画賛　文政2年（1819）　出光美術館蔵
賛は「神道、儒教、仏教を鍋でじっくり煮込んだなら、実にうまい鍋となるだろう」。

んですよ。宗教が持つさまざまな「行」は、この禅定に至る道筋なんです。その禅定に専門化しているのが日本の禅なので、それ以外のことをあまり問わない。だから宗教性が薄いんです。宗教の最もコア（核）になる部分しかないんだと思います。

鈴木　そうすると入りやすいんですか。

玄侑　だと思いますね。どんな宗教でも、瞑想して禅定に至るのは一緒ですから。「南無阿弥陀仏」でも、「南無妙法蓮華経」でも。なぜ日本の禅がそれだけシンプルになったのかというと、白隠《はくいん》さんや仙厓《せんがい》さんが、日本の八百万の神とうまく折り合っちゃったんですね。白隠さんは天神さまを信仰していましたし、しまいには「南無地獄大菩薩」なんて言って地獄まで肯定する。ものすごく八百万的なんですね。ほかの信仰を全部肯定して、どこから行ってもそこに禅があるでしょ、という形で禅を示した。仙厓さんだって、神主、孔子、釈迦という神道・儒教・仏教の三人が仲良く煮込みの鍋をつついている絵を描いています（右ページ）。これは日本でしかあり得ないですよね。八百万を受け入れるためには、禅はコアなものにならざるを得ないんですよ。よけいなものを捨てないと。

〝矛盾〟じゃないと

玄侑　中国に両行《りょうこう》という言葉があります。それは、対立するもの両方をそのまま生かしておくと、必ず何かが生まれてくる、という考え方なんです。ひとつの考え方で絶対化してしまわないで、対《つい》になるような考え方を常に持っておく。相《あい》矛盾する両方を生きていくしかない、そういう思想が日本人のベースにもあると思うんです。矛盾っていいですよね。

鈴木　たぶん、宮さんもそうですね。彼のペシミスティック（悲観的）なところはすごくて。人間に対する絶望と信頼が共存しているんです。彼は何しろ昭和十六年生まれ。幼かったとはいえ、戦争を経験していますよね。子どもの頃感じた飛行機だの戦車だの、いわゆる兵器への憧れ、一方で戦争反対。この矛盾の中で生きてきた人なんで。

だから戦闘機のゼロ戦開発者を描いた『風立ちぬ』という映画を作るとき、僕らだけではなく多くの日本人がその矛盾を抱えているんじゃないかな、と。それに何か答えを出せないか。うまくいったかどうかはともかく、そんなことを考えましたね。

――玄侑さんは前に、日本には必ず対になる意味の言葉があるとおっしゃっていましたね。

玄侑　ええ。「旅の恥はかき捨て」には「立つ鳥跡を濁さず」。「急がば回れ」なら「善は急げ」。対立する二つの言葉があるんです。でも「今日できることを明日に延ばすな」という慣用句には対がない。だから対を作らないと、健全じゃないんです。「明日できることは今日するな」という（笑）。

鈴木　それ、賛成です！　僕も仕事でしょっちゅう言ってきましたね。無理して今日やる必要ないって。それでいいんですよ。

問答後談

恥を承知で書く。玄侑宗久さんと対談することになり、その準備のため、玄侑さんの本を読んだ。最初に手に取ったのが、『やがて死ぬけしき』で、そのタイトルに惹かれた。自分の不明を恥じるが、それが芭蕉の俳句から取った言葉であることをまえがきで読むまで気づかなかった。

「やがて死ぬけしきはみえず蟬の声」

玄侑さんは、「なんと見事な生き方か、なんと見事な死に方か」と書く。そして、蟬は一週間ほどの短い命なのに「未来は憂えず、過ぎ去った過去は悔やまず」と続ける。この句のことは、むろん教科書で知っていた。しかし、そんな深い意味があることなどぼくは知らなかった。

玄侑さんによれば、芭蕉という人は『荘子《そうじ》』を愛読していたらしい。記憶が蘇った。数年前のことになる。ぼくは、ＮＨＫの「１００分 de 名著」という番組で、『荘子』のシリーズを見たことがある。番組の中で、こんな一節が紹介された。

「一切をあるがままに受け入れるところに真の自由がある」

この言葉を知って、ぼくは救われた気持ちになった。何を隠そう、ぼくは人生を受け身で生きて来たへんな自信がある。とはいえ、そんな立派な考えでそうやって来た訳じゃない。ましてや、そこに真の自由があるなど考えたこともない。しかし、この番組をきっかけに、ぼくは積極的に受け身を追求してみようと決めた。

今回、対談に臨むにあたって『荘子』を復習しようと思って、その番組テキストを探した。驚いた。愕然とした。我が目を疑った。著者は玄侑さんだった。ぼくは、よく著者名を気にすることなく本を読むことがある。ぼくは自分にあきれた。

ともあれ、ぼくは、玄侑さんのお陰で『荘子』の魅力を知ったことを告白しておきたい。

五郎の星空

11

枯れない人たち

鈴木　高畑さん、宮さん、この二人を見ていて、玄侑さんに教えていただきたいな、と思ったのは「枯れる」ということ。年齢を重ねても、二人共いまだに映画を作りたい。僕の想像では、たぶん死ぬまで「枯れる」なんて考えない人たちだと思うんですよ。ギンギラギンのまま。

玄侑　なるほど。禅で言う「枯れる」とは、どちらかというと「余白の美」に近いと思います。荘子《そうじ》は「器は、中心が詰まっていたら使えないだろう。〝虚《きょ》〟だから使えるんじゃないか」と言いました。これは「虚」を積極的に見る見方だと思うんです。だとすると、特に高畑監督は映画の中で余白とか、虚の部分を重視されていますよね。

鈴木　していますね。単純に絵だって、歳を重ねてからの作品には必ず余白があります。

玄侑　だから、作品の中で枯れておられるんじゃないですか？　高畑監督の『かぐや姫の物語』なんてまさにそうだと思います。あの、月から使者が迎えにくるラストの光景と音楽はちょっと忘れられないですね。

鈴木　仏教の来迎図《らいごうず》（左ページ）がモデルです。高畑さんは、来迎図の菩薩たちが持っている楽器を全部調べて、それぞれの音色を再現して演奏してもらった。最後の曲はそういう曲ですね。

玄侑　『竹取物語』でかぐや姫がもともといた「月」とは、私は死者の国だと思うんですね。『かぐや姫の物語』では「月の世界では人情が通じない」というようなことを言っていますね。

日本では、亡くなった人が行くところは、明らかに月のイメージが入っているんです。たとえばお盆だって、もともと旧暦の七月、満月の十五夜でした。俳人の長谷川櫂《かい》さんによると、仏教伝来以前から日本人は旧暦の一月と七月の十五日に先祖祭りをやっていたというんです。そこに、大陸からお盆の風習が入ってきてミックスした。中国では死後に行く世界は暗く冷たい丑寅《うしとら》の方角にある。死者たちは現世に戻りたくてしょうがないから、死者が帰ってくるお盆の風習が作られたんです。でも日本人にとって死後の世界は月の世界。嫌なところだと思っていないんですよ。

かぐや姫がいた「月」とは、
死者の国だと思うんです。
——玄侑

（上）阿弥陀二十五菩薩来迎図（早来迎）
国宝 鎌倉時代 知恩院蔵
（下）『かぐや姫の物語』

「お袋」と「仏教」

鈴木　その死生観でもうひとつ、玄侑さんに伺ってみたいと思ったのはね、うちのお袋のことなんです。あの人は、自分の旦那――僕にとっての親父ですが――が病院でいよいよ息絶えようとしているときに、一歩も病室に入らなかったんですよ。「もうお別れだよ」と言っても嫌がる。気持ち悪いって。

玄侑　ははは。すごい。

鈴木　さらに、これを言うと笑い話になっちゃうんですが、火葬場でひと通りお骨を骨壺に入れたら、まだ残ってるのにお袋が係の方に「もうこのぐらいでいいです」って。

玄侑　ほお。たいしたもんだ。

鈴木　これは何なんですかね。どういう考え方からきてるのかな、と不思議なんです。もしかしたら、ある世代以上は持っていた感覚じゃないかと。

玄侑　うーん、どうでしょう。しかしクールですねえ。仏教的には、本来お骨に何かが宿っているとは考えないんですよ。一方で日本人には、すべてに魂が宿るという考え方があるから、本人のお骨に何も宿らないわけがない、とつい思っちゃう。
　お釈迦さま自身も「骨なんて放っておけ。奉られたら困る」と言っています。ところがお釈迦さまが入滅した後、弟子たちが遺骨を分骨して、仏舎利《ぶっしゃり》塔を各地に建立した。これは実は余計なことなんですよね。

鈴木　お釈迦さまは、遺体にも骨にも執着は持ってなかったんだ。

玄侑　仏教思想に、一切に自性《じしょう》（物それ自体の本性）を認めない「空《くう》」という考え方がありますが、「色即是空《しきそくぜくう》」を徹底すると執着はなくなります。「愛」だって、仏教的には執着ですよ。お釈迦さまは物事への「執着」も「愛」も、両方ストンと切ることができた人なんでしょうね。あるいは苦労して切ったのかもしれませんが。
　愛も憎しみも両方ないなんて、我々の周辺の人間関係にはあり得ないじゃないですか。だから、僧侶としては本来「空」を説かなきゃいけないんだけど、その話はしにくいんです。「慈悲」のほうが法話として語りやすい。それも仏教本来の慈悲というよりも、もうちょっと粘っこい、人情っぽい、愛情に近いようなところに落ち着かせちゃうというような、そういうきらいは感じます。本当に「空」に徹したならば、お骨どころか生きている相手にだって執着はなくなるはずですから。

鈴木　ほう。

お袋は
「仕事で一番大事なこと
をわかってんのか」
「要領だよ」だって（笑）。
——鈴木

玄侑　初期の仏典を読んでいて、お釈迦さまをものすごくクールだと感じることがあります。鈴木さんのお母さまは何らかの体験によって、それに近い境地を身に付けちゃったのかな、と思いますね。

鈴木　なるほど……ちょっとお袋のことがわかった気がします。ついでだから申し上げると、僕、若い頃はいわゆるサラリーマンでしたから、一所懸命働くと肩書きが上がったりするわけです。お袋にそれを伝えると、電話口で怒り出すんですよ。「おまえはバカだ！」って。「会社が肩書きを上げる目的はひとつ。おまえを働かせようとしているんだ」と言われてね。「仕事で一番大事なことを、敏ちゃん、わかってんのか」と。

玄侑　お母さまは何だと。

鈴木　「要領だよ」だって（笑）。ほかにも高校生の僕をつかまえて、商工会議所のメンバーになった親父のことを「あの人はバカだ」と言ったり、口癖のように「金ってのは紙だから」と言ったりねえ……。

玄侑　お金をあんまり信用していない。

鈴木　彼女は終戦後、銀行の窓口をやっているんですよ。そのとき新円切り替えを経験している。ある価値がガラっと変わっちゃうわけでしょう。それを目の当たりにしたわけで。そんな彼女に僕は影響を受けざるを得なかったんですよ。

玄侑　それはそうでしょうね。やっぱり、我々にわからない諦念みたいなものを持っておられたんでしょうか。普通、我々をやっかいにさせるのは、過去の記憶と未来の思惑でしょう。我々のような仕事では、過去の記憶を肯定して、作品化するわけじゃないですか。作品を作らない人でも、過去はいろいろな作品を味わうときに調味料になりますけれど、その程度のものだと割り切って、「今」に徹する生き方ができれば最高ですよね。

鈴木　彼女も過去の話はしなかったですね。今になって気になっているんですよね。あの人はいったい何だったんだろうと。

組織はどうやって生まれる？

玄侑　私、今書いている長編の小説があるんですが、坊さんが主人公なんです。昭和四十年代に住職が失踪して以来無住になっていた寺に、主人公がやってくるという。その失踪したというお坊さんは、実は結婚していなくなっちゃった。結婚してもお寺にいればいいだろうと思うんですが、それはできないと。それって、残された檀家さんのことを考えると無責任の極みですよね。

鈴木　社会的常識で言えばね。

玄侑　でも、檀家さんの総代さんが言うんです。「個人の思いと、組織の思いを比べたときに、組織の思いを優先する人は、戦争になったら一番信用できない」と。戦争の残り香があった時代です。「個人の思いを貫く人は、戦争になっても変わらない」「あれほど変わらなかった和尚はない」と言うんですね。今、お母さまのお話を聞いていて、それを思いましたね。集団のために個人を埋没させるということが嫌だという。

鈴木　そうかもしれません。

玄侑　お釈迦さまが目指したことって、あらゆる迷信的なものを排除するという面があったと思うんです。でも、お釈迦さまの遺骨をお祀りしたいというのも人情じゃないですか。

鈴木　情ですよね。

玄侑　その人情を認めてしまうから、組織が生まれ、それが充実していくわけです。

鈴木　つまり権威になるわけですよね。

玄侑　そこでどう出るかが、その後を決めるんでしょうね。あのね、中国に諸子百家ってありますよね。当時中国は、小さな共同体がやや大きなステイトにあたるものを生み出していく時代でした。ステイトが、小さな共同体を上から統御していく。それを、諸子百家の中で老子と荘子以外はみんな認めているんです。認めた上で、どう統治するのかを孔子も考えたし、孟子《もうし》も韓非子《かんぴし》も荀子《じゅんし》もみんなそうなんですね。でも、ステイトそのものを認めない、もともとの小さなコミュニティーで何が悪いんだ、と考えたのが老子と荘子です。ですから、あの二人は国家からは一切認められないです。

鈴木　でも、正しいですよね。

――以前鈴木さんは、ジブリを永続する組織にしたいわけではない、とおっしゃっていましたが。

鈴木　自分が働いている間は、そりゃあればいいけれど、その後は知ったこっちゃないですよね。もちろん誰かが「やる」と言うのなら、それでかまわない。そう思っています。

玄侑　組織の維持が目的になってしまうと、おかしなことになりますよね。

鈴木　だって、何のためにジブリを作ったかというと、やっぱり作品を作りたかったからです。そうすると会社って手段ですよね。会社が目的化したら、意味がないんじゃないかなって。

玄侑　まさにその通り。でも……できればそれはお寺に適用しないでいただきたい（笑）。

鈴木　そうか。

玄侑　お寺は、我々が作ったわけではありませんからね。でも、守っていかなきゃならないもんなあ……。

――そうですね（笑）。

ジブリは「因果」より「縁起」

玄侑　ジブリの作品は「縁《えん》」とも言うべき、論理的に説明できない偶然性を大いに活用していらっしゃって、そのあたりがとても日本的だな、と思いますね。現代は、子どもが生まれる前に、遺伝子検査をして病気がないか調べる時代です。そういう感覚とは対極にあるのが、「縁」のような日本的な感性だと思うんですよね。

仏教は物事が起こるメカニズムを「因果」と「縁起」で考えます。「因果」とは

「原因」と「結果」という関係で見る考え方。しかしそれは筋道を付けて納得しているだけで、なぜ起こったのかの説明にはならないのではないか、という見方もあるんですよ。

一方「縁起」は、あらゆる物事の網目のような関係性の中で、思いもよらないことが生起すると考える。この世の複雑さを説明するのに、縁起以上の考え方はないと思うんです。ジブリ作品はその考えをものすごく取り込んでいるな、と。「何が起こるかわからない。それでも行く」。ああ人生そのものだな、と思いますね。

鈴木　僕なんかでも、人とのつながりで仕事が仕事を呼んで、思いがけない結果になることはしょっちゅうですもんね。

玄侑　目標に向かって努力して、その通り実現することって、世の中で起こることのほんの少しだと思うんですよ。

鈴木　そうですよ。「目標」「夢」……そういう考え方は、日本にいつからあったんですか？　僕、子どもの頃からそれに悩まされてきたんです。

玄侑　ルーツはやっぱり儒教の「志《こころざし》」だと思いますよ。西洋からももちろん「目標」「目的」「計画」という言葉は入ってきますけど、それ以前に孔子の教えの中にある。

――鈴木さんは以前、理想の自分と現実の自分とのギャップが悩みにつながるんじゃなジブリ作品は「何が起こるかわからない。それでも行く」。ああ人生そのものだな。と。

——玄侑

『となりのトトロ』

いか、とおっしゃっていましたよね。

鈴木　ええ。だから僕は途中から割り切って目の前のことをコツコツやることにしました。

玄侑　偶然にどれだけ身を委《ゆだ》ねられるか。人生ってそれで大きく変わるのかもしれません。たとえば「結婚」だって、偶然が重なって結婚しているような気がしませんか？

鈴木　当たり前ですよ！　結婚なんてはずみです。

玄侑　そうそう。はずみでないと結婚なんてできないですからね。「理想の女房は金《かね》（鉄）の草鞋《わらじ》を履いてでも見付けろ」なんて言いますけど、理想像を求めて探し回って見付けた、っていう人、いないでしょう!?

鈴木　高畑さんの『ホーホケキョ　となりの山田くん』という作品で、ひとつだけ僕が高畑さんに提案したのは、シャンソンの「ケ・セラ・セラ」、これを主題歌にしたらどうかということ。高畑さんは、受け入れてくれましたね。あれは「明日のことはわからない」という歌だから。

玄侑　ビートルズの「レット・イット・ビー（あるがままに）」も、禅の影響を受けていますね。それで言えば、植木等の「だまって俺についてこい」。あれは強烈な歌ですよね。

鈴木　あれはすごい歌詞ですよ。「〽※ぜにのないやつぁ俺んとこへこい、俺もないけど心配すんな」と。

玄侑　その後もすごい。

玄侑・鈴木　〽みろよ青い空、白い雲、そのうちなんとかなるだろう!!

玄侑　「スーダラ節」だって仏教的です。植木等は「スーダラ節」を世に出す前に、お父さんの前で歌ったらしいんです。「こんなふざけた歌を歌っていいんだろうか」って。歌を聞いたお父さんは、「そうだ、その通りだ！」と喜んだと。

鈴木　わはは。

玄侑　彼のお父さんは浄土真宗のお坊さんで、「スーダラ節」は親鸞《しんらん》聖人の教えと同じだと言ったそうです。「わかっちゃいるけどやめられないんだ、それが人間だ」って。

鈴木　ただ無責任なだけじゃないんだ（笑）。

問答後談

ぼくには、ある特技がある。朝、目覚めたとき、布団の中でその日の天気が分かる。晴れているのか、曇っているのか、雨なのか。窓を開けて外の様子を見なくても、空気の湿り具合で何となく分かる。

車を駆って何処か遠くへ行くときも、ぼくはほとんどナビを見ない。何となく「あっちだ！」という勘が働く。

こうした能力は、なぜ、身に付いたのか。努力した記憶はない。たぶん、普段の生活や遊びの中で、ぼくら団塊の世代は身に付けたんだと思う。

この夏、タイの田舎に暮らす友人の家を訪ねたときの話だ。田園の中にぽつりぽつりと家が建ち並んでいた。犬もネコもニワトリも水牛も、そして、人間も一緒に暮らしていた。

そこかしこに建つ家々は、みんな、自前で建てた家だった。一家総出で、何となくこんな感じという具合に建てるらしい。

米国を襲ったハリケーンのニュースを見ていたときだ。被災者たちが、国の救助を待っている。国が何とかしてくれる。彼らがそう期待しているときは、こういうと、ぼくの目には映った。ふと、想像が巡った。

先の戦争で焦土と化した東京で、バラックの家々を建てたのは誰だったのか。いわゆる闇市の建物は誰が建てたのか。

廃材を利用し、とりあえず雨露を凌《しの》ぐ。それどころか、商いまで始めてしまう。昔の日本人には、そういう能力が、たくましさがあった。

近代は、人々に便利で豊かな生活をもたらしたが、同時に、人々から奪ったモノがある。自分たちで何とかしようとする能力だ。

最後に告白を。

便利なモノを享受した最初の世代がぼくらだった。科学が大好きで、便利な機械が大好きだった。

だから、ぼくら団塊の世代は「人間は本来、動物だ」と言い続ける義務があると思っている。

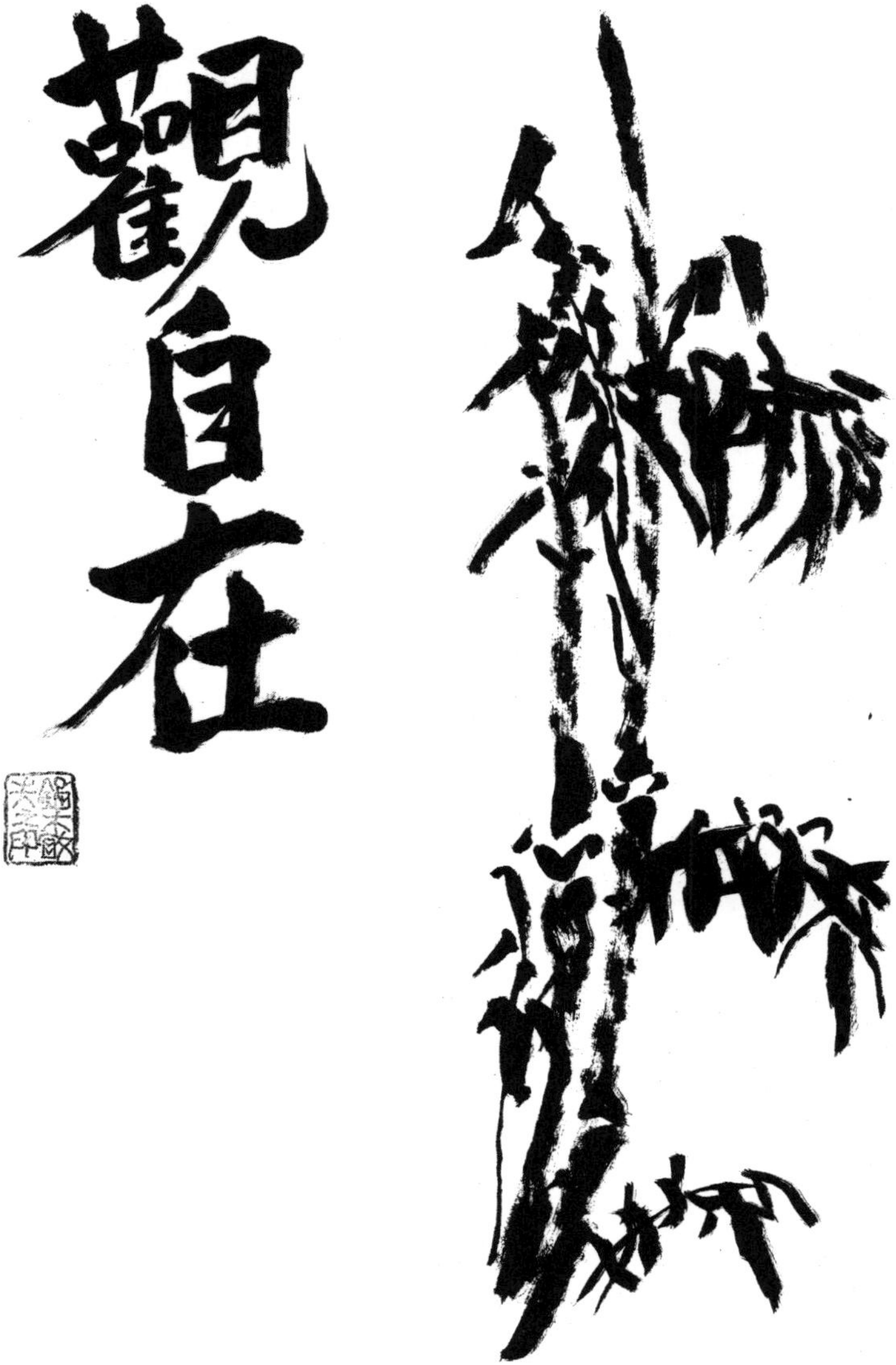

觀自在

12

無敵の剣法

対談はまだまだ続く。
れんが屋から代官山 蔦屋書店に場所を移し、
公開のトークイベントに。

――みなさま、本日はお越しいただきありがとうございます。お二人には、現代を生きる私たちに、生き方のヒントとなるお話を伺いたいと思いますが、まずみなさま、「幸せ」という言葉の語源はご存じでしょうか（会場……）。ありがとうございます。どなたもいらっしゃらなくて助かりました（笑）。玄侑さんにまず「そもそも幸せとは」というところからお話しいただければと思います。

玄侑　シアワセって和語ですよね。「幸せ」と書くようになったのは明治からです。最初に見えるのは奈良時代で、「為合」と書きました。「何かが為《な》すことに合わせる」。その「何か」とは、最初は天だったんですね。「天が為すことに合わせる」。ですか

せかいのひとびと

ら運命と同じような意味でした。

やがて室町時代頃になると「仕合せ」と書くようになる。そうなると主語は人間です。「相手がこうしたから、自分はこう仕合せる」。それがうまく仕合せられたら幸せなのですから、完全に受け身ですよね。うまく受け身できることが日本人にとっての幸せだったわけです。……あれ、鈴木さんがもう言いたいことがありそうな。

鈴木　いや、特にないですけれど、見つめられたんでマイクを持たなきゃと（笑）。あのー、そうやって玄侑さんがおっしゃるから話すわけではないんですが、僕ね、長い間生きてきて基本的にずっと受け身なんですよ。

玄侑　承知しています（笑）。

鈴木　自分から積極的に何かをやろうとしたことがないけど、いろんないきさつの中で巻き込まれてしまう。これは、子どもの頃に見た一本のある映画が、僕に影響を与えたのかもしれない。『大菩薩峠』という時代活劇の映画がありますよね。その主人公の机竜之助《つくえりゅうのすけ》の剣の構えは「音無しの構え」。相手がかかってくるまで仕掛けず、受け身で相手をやっつける必殺の構えなんです。小学四年生のときに映画館で見て以来、それが頭にこびりついてね。

玄侑　ほう。

鈴木　高校生になると中里介山《かいざん》の原作小説を読み始めて、大学生にかけて二回にわたって読みました。後にあるとき、この『大菩薩峠』についての評論を見付けたんです。書いたのは、作家の堀田善衛《よしえ》さん。堀田さんの解説によると、いわゆる世界のヒーローもので、受け身の戦法は日本独特のもの、しかも机竜之介の音無しの構えによって発明されたんだろうと。以来、日本のヒーローは受け身ばっかりになっちゃうんですよ。座頭市なんかもそうですね。それとどういう関係があるかはともかく(笑)、自分の人生を振り返ると、自分から人に会いに行くとかではなく、相手が来たら受ける。もしかしたら日本という国そのものが、そうかもしれないな、という気がします。

玄侑　私、剣道をやっていたんですけど、剣道では攻めなければ絶対に隙はできないんですね。だから、先に攻めたほうが不利。攻められても対応できて、しかも自分から攻めなければ、決して負けはしないわけです。勝ちもしませんけど。

鈴木　なるほど。

玄侑　私自身も、鈴木さんと同じく、受け身こそ絶対だと思います。けれど、最近は受け身という考え方はあまり受けがよくないですよね。目標を立てて自ら努力し、達成しよう、という世の中だと感じます。でも「仕合せ」の語源を考えると、それでは

荘子は「これが自分だ、
と思ったものを何度でも
脱ぎ捨てなさい」と説く。
――玄侑

もともとの意味から離れていっている。今の考え方では幸せになりようがない、という気がします。

――私からも伺ってみたいのが、鈴木さんが部下の方に「自分を捨てろ」、とおっしゃったという話が印象に残っていまして。それも、何か幸せのヒントになるのではないかと。

鈴木　何でそんなことを言ったんですかね、今振り返ると。「勝つには己を捨てなくてはならない」なんて、子どもの頃に読んでいた漫画や小説によくありましたけど。

玄侑　私は中国の『荘子』という本が好きなんです。その冒頭がすごい。もともと小さな魚の卵が、鯤《こん》という巨大な魚になり、魚になったと思ったら、鵬《ほう》（おおとり）になって空へ飛んでいく。まるでジブリの映画のような、何なんだこれは、と思わされるような生物が描かれます。

ここでは、「これが自分だ、と思ったものを何度でも脱ぎ捨てなさい」と説かれているのだと思うんです。「自分とは、これだ」と思ったときから苦しみは始まる。だから、「まだ途中なんじゃないのか」と問いかけるんですね。「自分を捨てる」と言うと難しいですが、「違う自分がいる」くらいに思うといいんだと思います。

ゲージュツは煩悩だ！

鈴木　今振り返ると僕なんかの場合はね、就職のときも自分が何になりたいかわからなかった。お坊さんっていいだろうな、という気持ちはほのかにありましたけどね。毎日決まったことをするわけじゃないし、暇な日もあるだろうとかね。

玄侑　ちょっといいですか。今の「お坊さんっていいだろうな」という部分について言っておきたいんですが（笑）。お坊さんは雑務が多いんですよ。私も今日だって、午前中に銀行に行かないといけなかったし。

鈴木　銀行！

玄侑　そういう係がいませんから。嫌ですよ〜……すみません、グチっぽくて。

鈴木　わはは。そうとは知らず、すみませんでした。

　プロデューサーだって雑務ばかりですよ。ジブリを作る前、宮さん、高畑さんと三人で「映画会社やりたいね」「スタジオやりたいね」って話していてね。二人は監督をやるのが決まっているからいいけど、僕は何をするんだろうと思っていたんです。そしたら宮さんが「じゃあプロデューサーは鈴木さんだよね」って。僕は最初からプロデューサーは雑用が多いとにらんでいたんですよ。嫌だな、と思いつつ結局役回りとしてそれをやらざるを得なかった。これも受け身です。

とにかく、学生時代から夢や希望を持つことがすごく苦手で、うろうろしているうちにたまさか出版人になったものの、立派な編集者になりたい、という希望のカケラもないんですね。だからこそ、途中で映画会社——つまりジブリのことですけれど——に加わることになる。それぐらいのつもりでやってきたんですよ。ですから、夢や希望、別の言い方では前向き、という言葉がありますよね、それらに対してものすごく抵抗があるんです。どちらかというと、後ろ向きが好きで……。本当ですよ。人からは誤解されるかもしれないけれど、自分ではそうなんです。でも玄侑さんは、お坊さんをしながら作家をするという、積極性がある。

玄侑　お坊さんという仕事自体はね、「坊さんとして仕事をバリバリしたい」「今月はお葬式五件はやりたい」、そういう仕事じゃないでしょう?

鈴木　わはは。

玄侑　起こったことに受け身で応じるだけなんで。一方で作家はそういきません。鈴木さんはさっき「何になりたい」「何をしたい」という目標をはっきり持っていなかったとおっしゃいましたね。むしろ持つまいとした。ところが、私はやっぱり小説を書きたかった。そして書けずにいた時期は苦しかったですね。つらかったです。かといって「苦しまないよう、小説を書こうとするのをやめろ」と言われたって、やめられなかったですよ。これ、どうすりゃいいですか？

鈴木　ウーン……。

――書くしかないですよね。

玄侑　ええ。目標を持たず受け身でいれば、幸せなのはわかるんです。でも、たとえば高畑監督も宮崎監督も、たぶん作品を作らないではいられないんですよね。

鈴木　あの二人はそうですね。作りたくてしょうがない。

玄侑　それは、どうしたらいいんですか？

鈴木　それはだって、煩悩だから（笑）。しょうがないですよね。

玄侑　確かに（笑）。そうです、そうです。

鈴木　僕の場合は、そういう煩悩を持った人が近くにいるから、やることが出てくるんですよ。

玄侑　仏さまみたいな立場ですね。

鈴木　そんな立派なものじゃないですよ。二人に引っぱられて生きているんです、本当に。

僕、自分のことを振り返ってみると、なまけ者だしね、あんまり努力もしない。だからあの二人に出会わなかったらどうなっていたんだろうと、この期に及んで思いますね。二人共よく働くんですよ。

玄侑　でも、鈴木さんも受け身といったって、宮崎監督と初めて会ったときは三日間、仕事場に通ったんでしょ。

鈴木　そうそう。僕が「取材したい」と言ったら「あなたがやっているような雑誌のインタビューに応じるなんてみっともない」とか何とか言って断るんです。頭に来たから、彼のそばに腰掛けを置いて、自分の仕事を始めたんですよ。彼は見事でした。何も言わなかった。

玄侑　二人共黙ったまま、三日間ずっとそれぞれの仕事をしていたんですか。

鈴木　そう。彼は午前四時まで働いているでしょ。初めて交わした会話はこれですよ。「明日は九時です」。（会場笑）
　それで次の日も朝九時に行って、深夜四時まで一言も口をきかない。

玄侑　それって、受け身ですかねえ……いや、まあ受け身か……。普通は、しょうがないなと思ってあきらめる話ですよね。

鈴木　全人格を否定するような断り方だったんです。そういう印象。ともかくそのことへの怒りだけが動機で。
そういうことが何度もあるんですよ。思い出したからついでに言っちゃいますとね、『忘れられた日本人』という宮本常一の本があります。あるとき、宮さんから言われたんですよ。『忘れられた日本人』の中に鈴木さん、こう書いてあるでしょう」と。そのとき僕は読んでいなかった。だから「読んでない」って言ったんですよ。そしたら「無知ですね」と。（会場笑）
これ、頭に来ますよね。当然その日のうちに本を買って、一晩で読みました。それで、今度はこちらからですよ。「こういうことが書いてありましたね」って。

玄侑　それはもう、攻撃的受け身ですよ（笑）。

人間関係のお悩み、聞きます。

——SNSなども発達して、人と人との距離のとり方が難しくなってきています。何かアドバイスをいただけませんか。

玄侑　仏教の観音さまは、サンスクリットではアヴァローキテーシュヴァラ。英語で直訳すると〝away-look〟なんです。つまり〝look〟ジーっと見つめていると、対象に近づきすぎて感情が交じり、どんどん目が曇ってくる。それを〝away〟離れろ、と。近づいたり離れたりを繰り返しているうちに見えてくるのが本質だ、と仏教では考えています。

鈴木　へえー。僕がよく言うのは、若い夫婦に問題が生じるのは、必ず「向き合おう」とするところからだと。向き合うとたいがい相手の欠陥しか見えないんですよ。友人の女性も、向き合った結果、離婚しました。それで、実は再婚するときに僕に何か書いてくれと言うから、僕、書いたんですよ。「今度は向き合わないように」って。

玄侑　なるほど。建築家のアントニオ・ガウディが作った「夫婦のイス」を思い出しますね。そのイスは二脚セットなんですが、向き合ってはいないんですね。恋人同士のときは、並んで同じ星を見たり、向かい合ってお互いが見えればそれでいい。しかし夫婦だとそうはいきません。ガウディのイスは、九十度の角度で接していま す。夫と妻の正面は、九十度違うわけです。でも、首を少し傾けると同じ星が見える。これが一番うまくいく角度なんだ、とガウディは考えたんですね。考えてみれば、物理で習う「合力」では、二つの力が同じ方向を向いているとひとつ分の力にしかならない。物理的には二つの力が三十度開いたときに合力が一番伸びるんですが、それだと少ししんどいのかもしれませんね。

＊

——ではここで会場からのご質問にお答えいただきたいと思います。お二人に相談したいことがある方、ぜひ挙手をお願いします。

【質問1】今日はお話をありがとうございました。受け身のお話がありましたが、仕事上、受け身では評価されない現状がある中で、評価されようとすること自体が間違っているのか、受け身でもうまくやっていける方法があるのか、お考えを教えてください。

玄侑　基本的に、ある基準に沿って比較して評価するのは、かなり無理なことだと思っておいたほうがいいですよね。たとえば学校で、小説家とか料理人とかの能力は、どの教科の点数でも評価できないでしょう。比較して競争させる評価法は無理とわかった上で「ちょっと遊んでやろうか」という位の姿勢は必要かもしれませんが、基本的にバカにしておいたほうがいいと思いますけど。

「承認欲求」という言葉を
発明した人は許せないと
思うんです。

――鈴木

鈴木　昨今、「承認欲求」という言葉があるじゃないですか。あの言葉を発明した人は許せないと思うんです。僕らの時代にそういう言葉はなく、人の評価をあんまり気にしなかった気がします。ただ言われた仕事をやればいい。で、確かに人はとやかく言うかもしれない。でも、人というものはそういうものじゃないですか。だから、何が言いたいかというと「ほっといたら」ということです。乱暴な言い方でスイマセン。

【質問2】　小さな広告会社に就職しまして、社長に「これから三年間はウジ虫扱いだぞ」と言われました。今日のお話をふまえて、これから三年間どうやってウジ虫として過ごしていけばいいでしょうか。

玄侑　我々禅僧も、道場に入ると「新到三年皓歯《しらは》を見せず」という言葉があるくらい厳しい扱いを受けます。一年間は、名前を呼んでもらえない、冗談なんか絶対に言えないです。あえてそういう扱いをするんです。禅も私が好きな職人の世界のように、段階を追ってしか進めないので、各段階に集中できるようそういうやり方をするんでしょう。ですから、できるだけ耐えてほしいですね。三年ということはないと思います。やるほうも大変でしょう。しかしウジ虫というのはすごいなあ。

鈴木　ウジ虫はひどいですね。僕はそう思いますよ。好意に解釈すればね、それこそ己を忘れてがむしゃらにがんばりなさい、とそういう意味なんだろうけれど。

――もうちょっとかわいらしい虫のほうがいいですね。

【質問3】　お付き合いして三年の女性がいて、結婚を意識し始めました。ところが彼女の家はとてもお金持ちで、僕の家は貧乏なんです。結婚後大変なんじゃないかと思えてきて。どうしたらいいか教えてください。

鈴木　今日の話って、要するに「今ここを考えなさい」と玄侑さんもおっしゃっているんだと思うんですよ。それからすると、それぞれの境遇って過去のことでしょう。これからの未来は、二人で作っていくものです。そうすると、「今」「ここ」が大事だよね。あなたの実家だってお金持ちになるかもしれない。わからないんですよ、コレが。それもこれもね、目の前のことをどれだけ頑張ってやっていくか、そんなことと関係あるんじゃないかな。そう思います。

――なるほど。本日は素敵なお話をありがとうございました。

問答後談

もうすぐ四十歳になるシングルマザーと話していたときのことだ。彼女がおかしなことを言い出した。

「私の折り返しは、三十のときだった」

意味が分からなかった。詳しく聞くと、こういうことだった。彼女のママは六十二歳で亡くなった。そのお母さん、つまり彼女の祖母は四十四歳で亡くなった。だから私も早く死ぬと決め付けている。でも、何とか六十歳までは生きたい、と。

で、その半分、三十歳になったとき、折り返しだと思い、これからは坂を下って行くのだと考えたらしい。驚いた。そんな風に考えて生きているのか、と。そういえば、彼女はいつも眠たそうな表情を浮かべている。その眠たそうな目で世界を見ている。

宮崎駿も、実は彼女と似ている。七十歳を前に、宮さんは死が近いと言い出したことがある。『崖の上のポニョ』を作っていたときだ。彼のお母さんは、七十三歳で亡くなった。

「あの世でお袋と再会したとき、何を言えばいいか?」

不思議なことを言う人だ。宮さんの家系は、ただひとりの伯父さんをのぞいて八十歳に到達した人は誰もいない。だから「俺は余命幾ばくもない」とおかしな自慢をしている。去年、宮さんのお兄さんが七十七歳で亡くなった。お父さんは七十九歳だった。

年が明けると、宮さんは七十七歳になる。今作っている作品はどうなってしまうのか。

「途中で死んだらみっともない」

絵コンテだけは最後まで完成させると、日々、頑張っている。残りは、半分だ。

翻《ひるがえ》って自分のことを考えてみた。この夏、六十九歳になったぼくの折り返し地点はいつだったのか。思い出せない。というか、そもそもそういう考え方がない。生きているのはひまつぶし。死ぬときはいつも、ある日突然だと思って生きて来た。

だから、いつ死んでもいいように、週末はモノの整理整頓、掃除に明け暮れている。

第五回

長かった禅問答の締め括りはもう一度、細川晋輔《しんすけ》和尚と。銀座の「新古美術　万葉洞《まんようどう》」で鈴木さんが愛してやまない禅僧・良寛《りょうかん》さんの書を見ながら、「老いる」「枯れる」を考える。

（二〇一八・三・十六）

13

上手に書こうとしない

鈴木　ほおー。これが良寛さんの書ですか。やはりこの方の字は真似できないですね。

細川　でも、『風立ちぬ』では「天上大風」を臨書《りんしょ》なさってましたよね。

鈴木　一応、見ながら書いたんだけど、本当に難しいんですよ。もっと年を取らないと書けないんじゃないかな。こんなに真似しにくい人はないですよね。

万葉洞・関谷博之氏（以下――）独特の書きぶりで、かなりゆっくり書いているという人もあるんです。

鈴木　あと筆圧もありますね。どうやったらこの感じが出るんだろう。

――そちら（一九七ページ）は良寛が教えを授けていた貞心尼《ていしんに》という尼僧に宛てた、亡くなる寸前の手紙です。長岡にある貞心尼の草庵に、新潟の島崎村から行く約束をしていたのですが、「身体の調子が悪くて行けず申し訳ない」と言っています。最後は和歌で、「行くと言っていたのに、秋萩の花ももう散ってしまったけれど、まだ行けずにいます」と。詫び状であり、ラブレターのようでもある。かなり若い尼さんで、ちょっと心の交流があったようなんです。

鈴木　線の細さがいいですよね、この人は。だってこれ、ペンで書いたみたいですよね。筆なのにこうやって均一な線でつなげて書くなんて、普通はできないですよ。

力の抜き方なのかなあ、やっぱり。筆の持っているところが長いんでしょうね。筆先に指を近づけると力んでバランスを崩すんで。僕、この人の字は、筆を長く持って筆圧を弱くすれば書けると思ったんですけどね。

――こちらの漢詩「仙桂和尚真道者」（一九六ページ）は、壮年期を過ぎた良寛が、修行時代を振り返って書いた漢詩です。若い頃修行した寺で先輩だった、仙桂和尚について書いています。仙桂和尚は素朴な風貌で、三十年同じ寺で修行してお経は読まない、参禅しない、畑で野菜を作って大衆に振舞っていたというんです。当時、良寛さんはその姿を見ていたけれど見えていなかったと。

鈴木　わからなかった、ということですね。

――ええ。今になって、その恩に報いたいと思うけれど、仙桂和尚は亡くなっていてそれも叶わないと書いています。そして最後に「仙桂和尚は真の道者」ともう一度書いて締め括っています。

細川　三十年間、野菜を作り、ご飯を出したりしていた彼こそが、実は仏道に近かったん

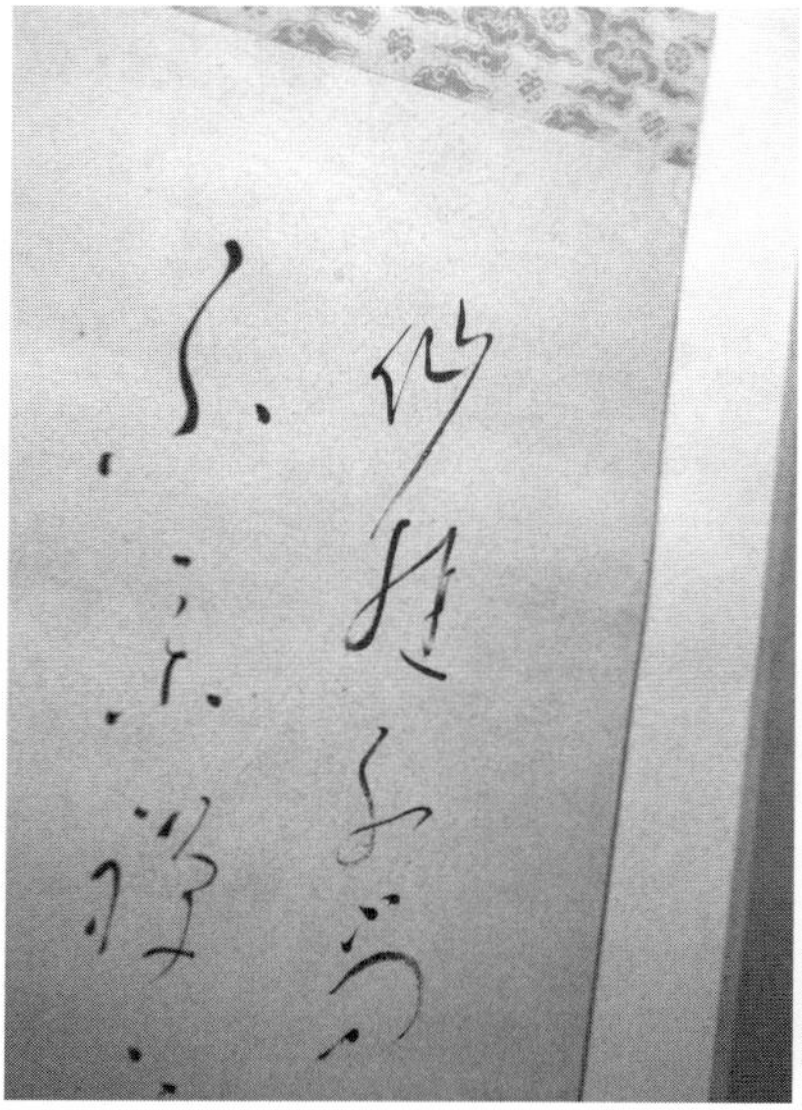
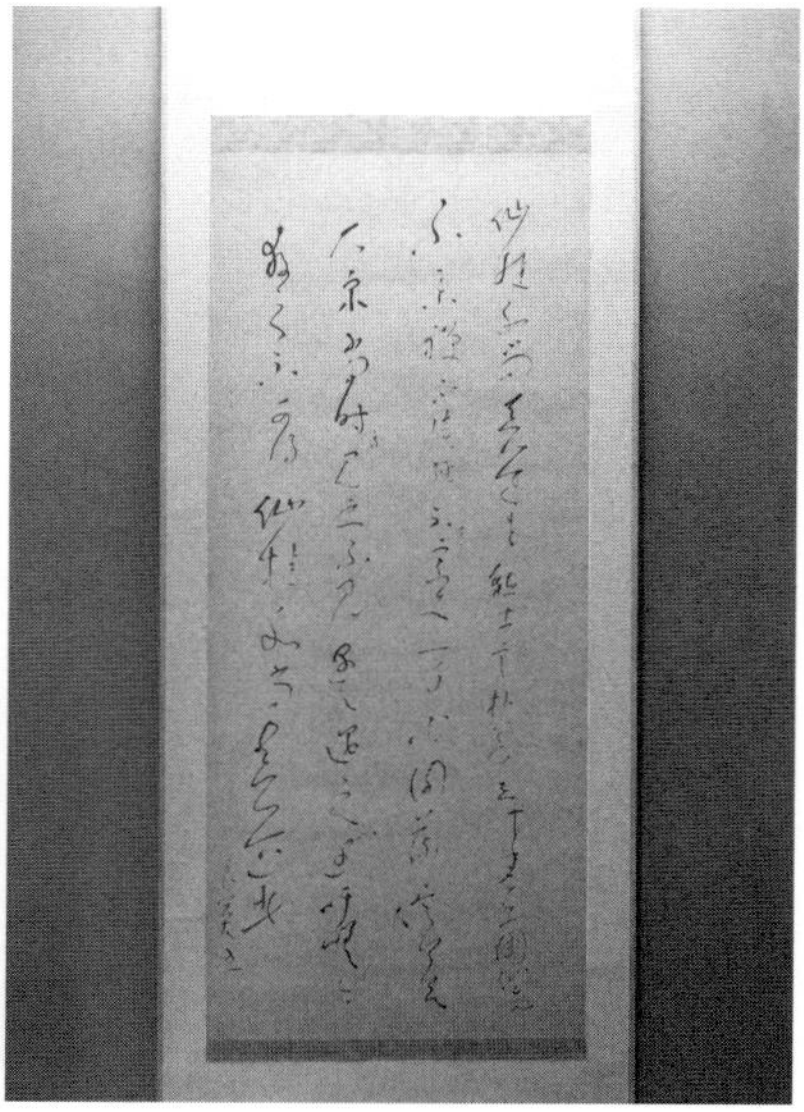
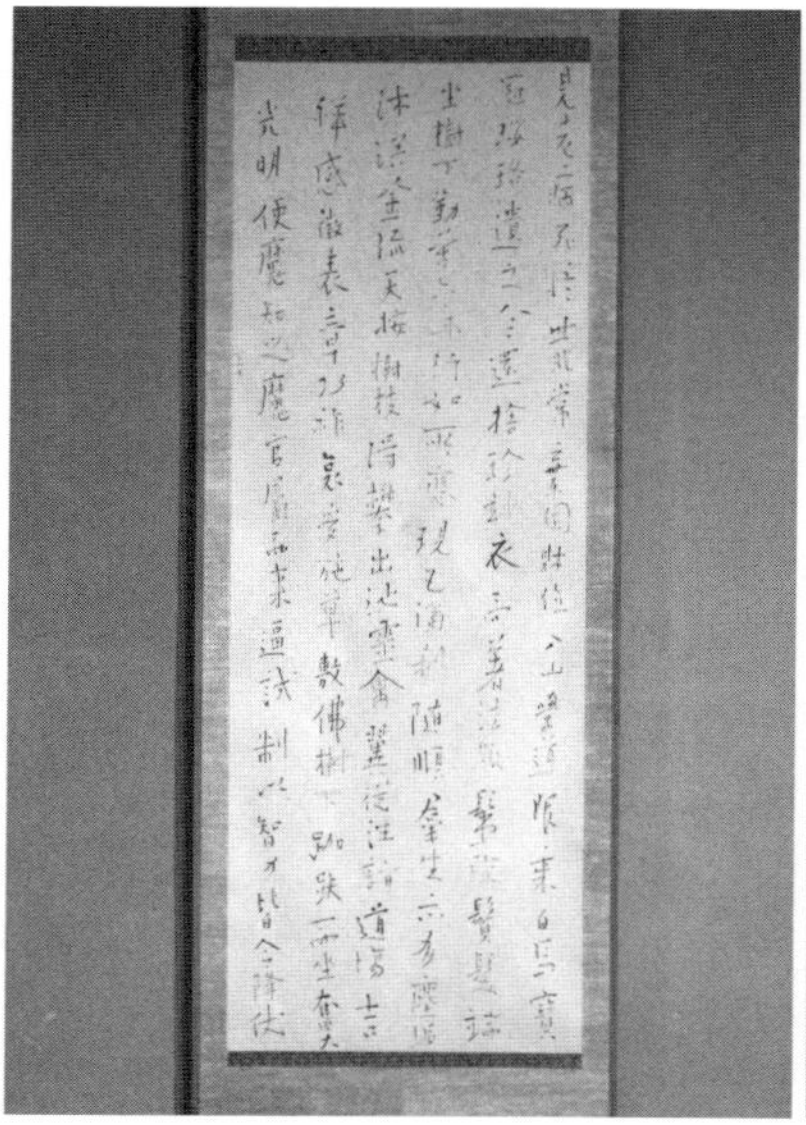
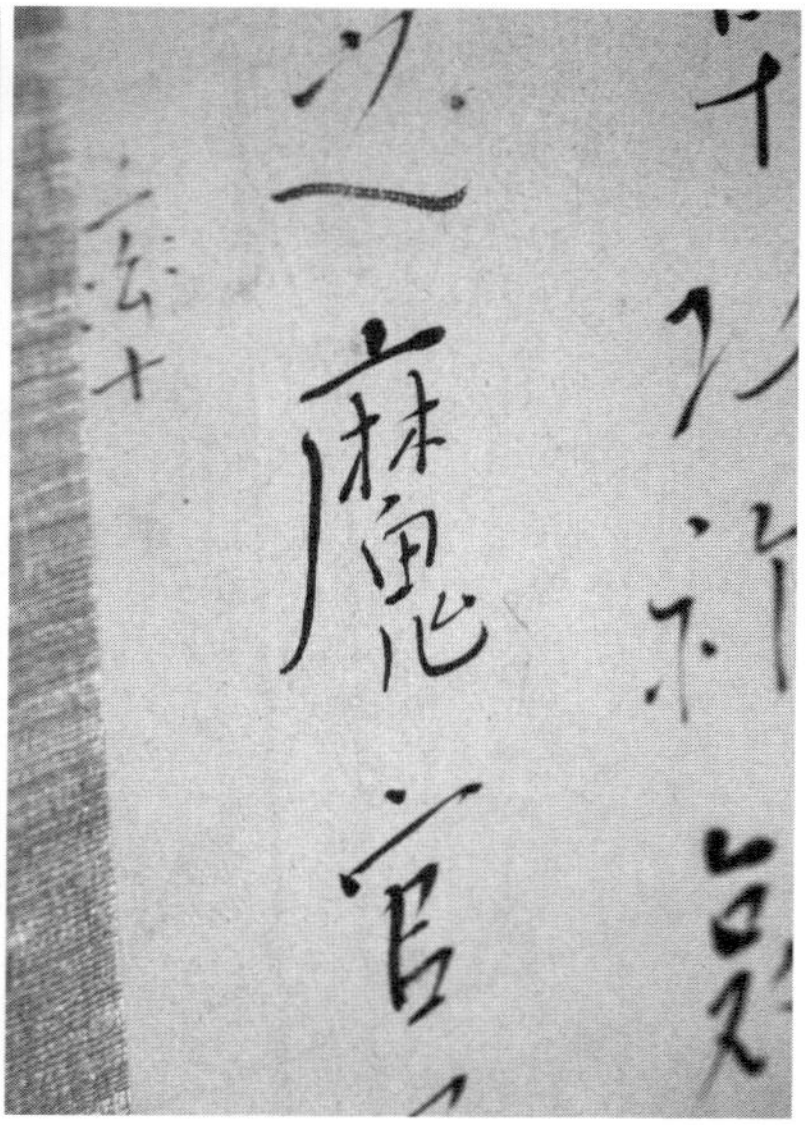

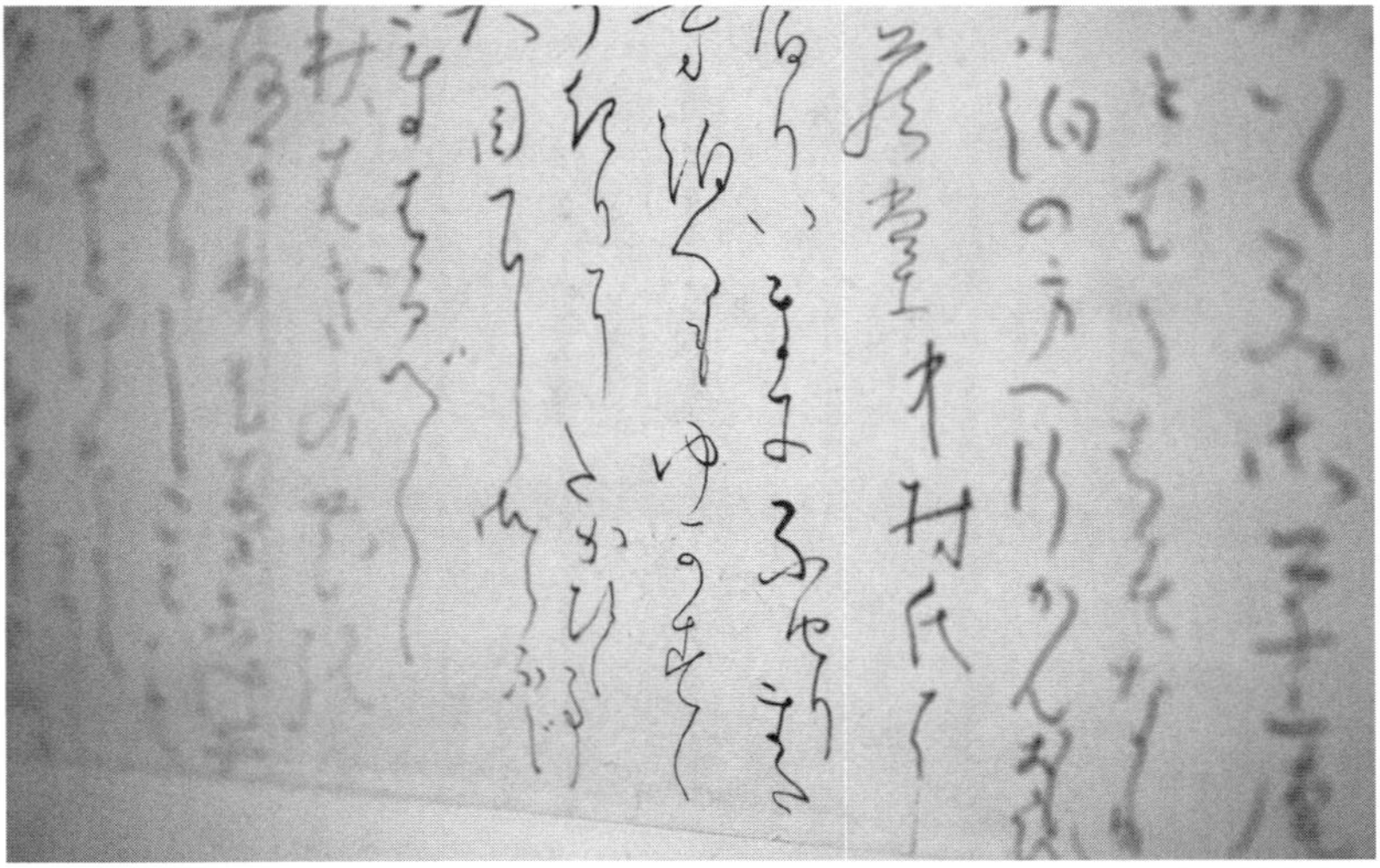

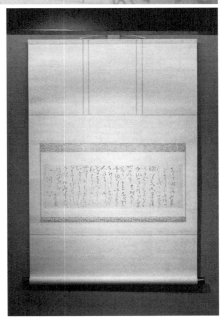

法弟の貞心尼に宛てた晩年の手紙。身体の具合が悪く会いに行けないことを詫びている。抽象画のような繊細な線が印象的。

（右ページ上段）
良寛筆　漢詩　仙桂和尚真道者
良寛が60代になって、修行僧時代の兄弟子・仙桂和尚の姿を思い出して書いた詩。黙々と野菜を育て、禅の教えを一言も口にしなかった兄弟子の偉大さに気付かなかったことを詫びている。

（右ページ下段）
良寛筆　漢詩　釈尊出家讃
釈迦を心から尊敬した良寛が筆写した、釈迦の出家を讃えるお経の一節。
（すべて万葉洞蔵）

だと。究極の修行とは、読経や坐禅を超えたところにあるというのが、良寛さんのメッセージなのかもしれません。

鈴木　すごいですね。ところどころ脱字を補って書いてあるのもおもしろい。

――こちらの「釈尊出家讃」（一九六ページ）は釈迦の生涯が書いてあります。

鈴木　これ、かなり若いときのものなんじゃないかな。どうなんでしょう。

――判別は難しいのですが、私どもではわりと晩年に近い作としていますね。

鈴木　えっ、これが晩年なんですか。

細川　お経を書いているからか、ほかと雰囲気が違いますね。写経のような感覚で、自分に対して書いているのかなと思いますね。

鈴木　そういう感じですよね。だから若いかな、と思ったんです。洗練されていないですもの。「魔」っていう字なんかね、バランスが悪いし、ためらいがあるんですよね。それは一所懸命書いたからじゃないかな。肩の力が抜けてない。行間もね、狭まったり広がっちゃったり、あわてて次の行にいって字を小さくしたり、いろんな悪戦苦闘が見えるじゃないですか。そうすると、普通そういうのって、若いときでしょう。晩年だとすると、意図的に若いときの自分を演じたのか……とかね（笑）、いろいろ考えちゃう。

細川　江戸時代の僧侶たちは、写経するときに墨に血を入れて、一字書くごとに席から離れて三拝したそうなんです。お釈迦さまへの尊敬の念を表すということで。

鈴木　いちいち!?　大変ですね。

細川　今、鈴木さんのお話を聞いていたら、もしかしたら一字書いて三拝していたのかな、とか。

鈴木　一方で「仙桂和尚真道者」のほうは、明らかに楽しんでますよね。これはすごいと思います。「仙」という字なんて大好きですよ。

細川　白隠《はくいん》さんと良寛さんは書いた理由が全然違うような気がするんですよね。白隠さんは布教の手段として描いていたと思うんですが、良寛さんは決してそうじゃない。自分の心に浮んだ和歌を思うままに書いたら、それを見る何百年後かの私たちにまで、良寛さんのやさしさが感じられる。そういう力があるのではと。「誰のために」「何のために」という気持ちがないような気がします。自分に対して書いているのに、人に感動を与えられるというのが、良寛さんのすごいところでしょうね。

鈴木　上手に書こうとしない、だからこの人の字は難しい。しかし、あれですよね。こっち（釈尊出家讃）はちょっと上手に書こうとしているんですよね。

良寛さんの字には
「何のために」がない気が
します。

——細川

上手に書こうとしない。
だからこの人の字は
難しい。

——鈴木

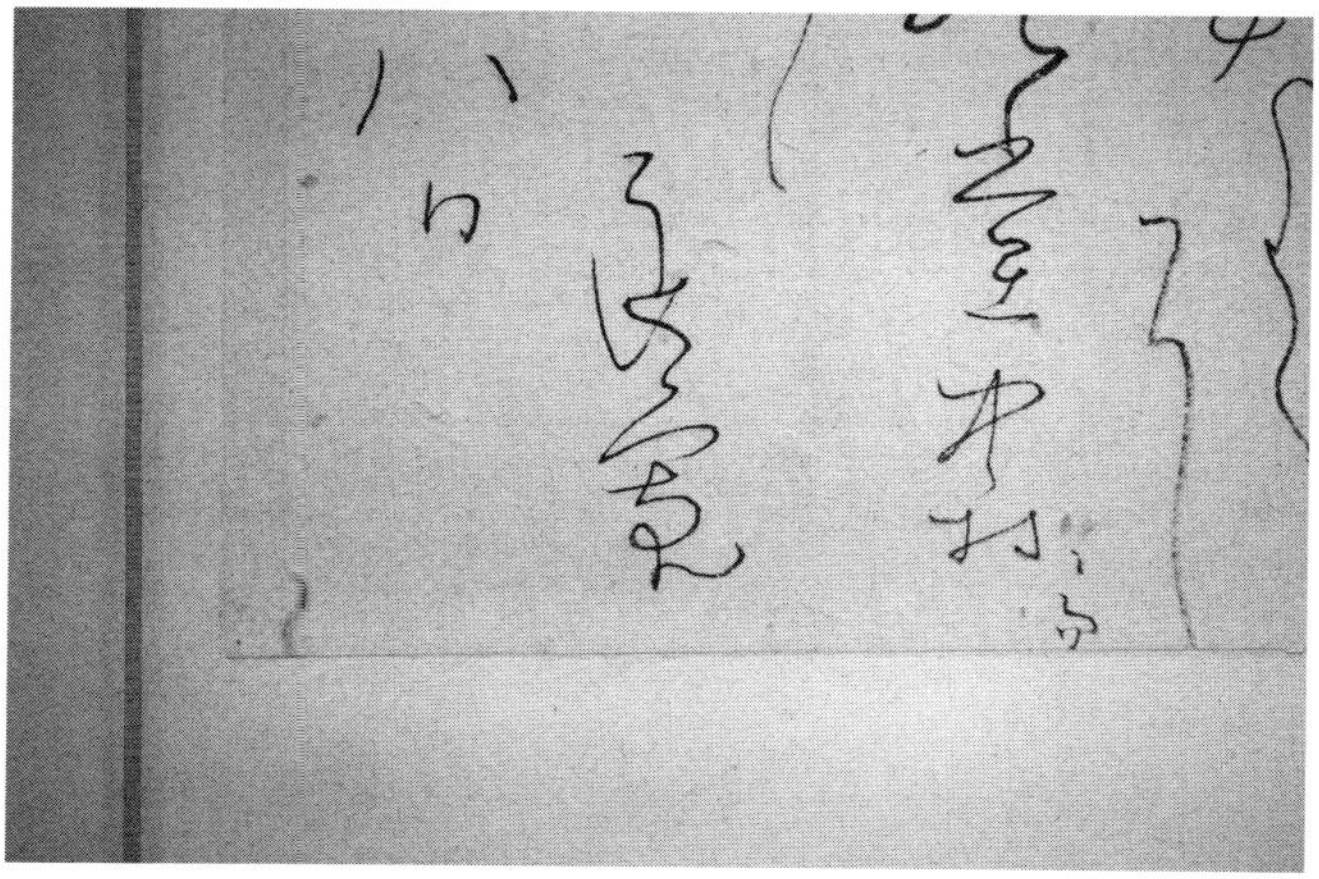

良寛筆　貞心尼宛書簡

プロとアマチュア

鈴木　ちょっと脱線しますけど、僕、スタジオジブリにいる野中君というスタッフの顔を、かなりデフォルメして描いたことがあるんです。みんなで「似てる」なんて喜んでたんですが、たまたま宮さん（宮崎駿《はやお》監督）がそれを見たんです。ものすごく忙しい最中ですよ。見た瞬間顔色が変わって。「仕事中に遊んでたから怒ったのかな」と思ったら、すぐ自分の席へ戻って、彼が一日中何をやったか。野中君の顔を何十枚も描いたんです。それで、次の日の朝、描いたものを僕のところに持ってきて見せるんです。当然、実に上手なんですよね。そして「野中さんの顔はね、骨相学で言うとこうなっている」……と、一枚一枚の絵について全部説明してくれてね。説明されながら僕は、「何なんだろう、これは」って。

細川　わはは。

鈴木　それで、最後の一言ですよ。「でも、鈴木さん描いたヤツが一番いいよ」って（笑）。不思議ですよね。「似てる」ということで言えば、宮さんが描いた絵はすごかったですよ。一方、僕が描いたのは丸に三角みたいな絵。僕の場合、少ない線で何となく似ていて、みんなが笑わないといけない。ああ、宮さんにもそういうのを求める気持ちがあるのかと。それがおもしろかったですね。

細川　似せようとすると捉われてしまう部分があるんでしょうか。

鈴木　たぶんそうなんでしょうね。でも本当にね、宮さんが描いたものはうまかったですよ。こういう言い方しちゃいけないけど、うますぎる。僕なんかの素人芸なら、周りが楽しめればいいんです。彼は職業として絵を選んでいるから、ものすごいストレスでしょうね。たくさんの人を楽しませないといけないわけですから。

細川　良寛さんは、「詩人の詩」「書家の書」「料理人の料理」、これを嫌ったそうです。プロとアマチュアの違いって何なんでしょう。

鈴木　難しいけれど、それについておもしろかったのが、サイン色紙。いろんなところから宮さんに色紙を書いてほしいと頼まれますよね。ほとんど断るんですが、どうしても断れないときもある。あるとき、スタジオジブリにいるアニメーターたちに、宮さんそっくりに書ける奴がいないか描かせてみたんですよ。ところが、一人も描けない。みんなね、宮さんが描いたトトロとは似ても似つかないんです。しょうがないから自分でやってみようかと、彼が描いたのをまじまじと見てわかったのは、まず第一点、筆圧が弱い。次に線を描くのが遅い。そのことによって線がブレる。「あ、これか」って（笑）。ジブリのアニメーターが描いた線はみんな力強いわけですよ。

細川　力が入っちゃうんですね。

鈴木　それとたぶん、己が邪魔するわけでしょう。だって僕は関係ないんだもん。似てればいいだけで、自分の表現も何もへったくれもないんです。

これはね、ちょっと自慢話かもしれない。二十年くらい経って、宮さんが色紙を二枚持ってきた。「これどっちがどっちを書いたんだっけ。俺、わかんない」って。だから、こういうことを公表していいかどうか……世に出ているトトロの色紙で、絵は僕が描いて、サインは宮さんという世にも奇妙な色紙もあるんですよ（笑）。

細川　えーっ（笑）。

鈴木　良寛さんの書にも言えますけどね、やっぱり真似が難しいのは線なんですよ。みんな筆圧が違うから。映画を作るときは、己を捨てて徹してほしいんですけどね。自分の作品を作っているわけじゃないんだから、っていつも思うんですけど。

細川　筆圧が弱くてゆっくり書くといったら、宮崎監督は良寛さんの臨書がお上手かもしれませんね。

14

禅は誰にでも

鈴木　今日は細川さんにご相談が。今から五年前に宮さんが引退すると言いましたよね。僕は宮さんの引退記者会見のとき、隣に座っていて本当に嬉しかったんですよ。「やっと開放される。もうこれ以上働かなくていいんだ」と（笑）。そして、老後のために本や映画のＤＶＤを集め始めて、準備万端整った頃、宮さんが「もう一回やりたい」って。本当にガックリきたんですよね。わかっていたんです。どうせもう一回「やる」と言い出すのは。でも、記者会見のあの瞬間だけね、「ああ本当にやめるんだな」って思っちゃった。

やるとなると、前より大変になったんですよ。今は宮さんの一方で吾朗君も映画を作っているし、挙句の果てが、何でそうなっちゃったのか、「ジブリパーク」をやろうなんて。そうしたらね、前よりもムチャクチャ忙しくなっちゃった。土曜も日曜もないですよ。すると時々ふと、こんなことで僕はいいんだろうかってね、思うんですよ。

細川　いやいや。大変失礼な言い方かもしれないですけれど、そう言いながら鈴木さん、すごく楽しそうですよね。良寛さんの書と同じ「道楽」なんですよ。

鈴木　確か、仏教用語でしたね。

細川　お釈迦さまの教えを究明していく、明らかにしていくのが楽しくてしょうがない、というのが道楽です。おそらく、宮崎監督も鈴木さんも、人生の道を明らかにしていくことが楽しくてしょうがないんじゃないでしょうか。以前、テレビの密着番組で、宮崎監督がスタジオのそばの幼稚園児が通る道に、子どもたちが驚くように羊のぬいぐるみを窓の外に向けていらして。

鈴木　あれ、毎朝やっているんですよ。

細川　あのちょっとしたイタズラの延長線上にジブリの作品があるのかなって。

鈴木　彼に関してはおっしゃる通りですね。

細川　鈴木さんにお会いする前は、ジブリってどんなところだろう、と思っていましたが、実際に伺ってみると、言い方はすごく悪いですけれど（笑）、学級新聞を作っている子どもたちみたいな雰囲気を感じました。

鈴木　（笑）。

細川　みなさんすごく楽しそうになさっている。いいところしか見ていないのかな……でも、楽しんでお仕事されているのを感じます。気持ちよく生きるには、こうやって楽しみを見付けないといけないな、と思って。

鈴木　ところで、この禅の企画は、僕としては老後の一環としてこういうものに触れるのもいいかな、と思って引き受けたんです。一年かけて禅僧の方とお話ししてきましたが、毎回細川住職にお世話になって、感謝していますよ。細川住職をテレビでお見かけした偶然がきっかけでした。

細川　鈴木さんとお話しさせていただくようになってから、ジブリの元スタッフの石井（朋彦）さんから一度メールをいただいたんです。「私は前から鈴木さんの生き方は禅と結びつくと思っていました」とおっしゃっていました。

鈴木　そんなこと言ってたんですか！（笑）

細川　鈴木さんとお話ししていて思い出すのは、「喫茶去《きっさこ》」という禅の言葉です。趙州《じょうしゅう》という和尚は、修行したいと僧がやってくるたびに、「喫茶去（お茶をどうぞ）」と言ったそうです。どんな人に対しても無心で「お茶をどうぞ」と言う、そこが趙州和尚の喫茶去という言葉のすごさ。それを思うと、鈴木さんはどんな方に対しても本当に自然体で。まさに喫茶去だな、と思いました。

鈴木　そんなに褒められても……（笑）。そうなればいいですけど。でもね、確かに禅アスリートが「無心で跳んだ」と言う境地を、ただ私たちは禅と名付けただけなんだ。

——細川

『魔女の宅急便』

のことを知る機会を与えてもらって、前々から薄々思っていた「今ここ」についてもっと考えるようになりました。
　そういえば、昨日もおもしろいことがあったんですよ。ジブリのある若い女の子がね、「鈴木さん、A案とB案のどっちがいいでしょうか」ってLINEが来た。で、僕はね、すぐ返したんです。「Aにしよう」って。そしたら、「えーっ。私はBがいい」って怒ってる（笑）。あなたは僕に選択を求めたでしょうと（笑）。これね、言ってもしょうがない。すごく幸せですよね。訊いてから怒るまで、時間にしてほんの数分ですもん。彼女も「今ここ」の人だったんです。

細川　鈴木さんのお話を伺ってきて、私たちが禅と呼ぶものを、鈴木さんも宮崎監督もそれぞれお持ちなんだろうと。たとえばアスリートが「無心で跳んだ」と言うじゃないですか。そうやってフィギュアの羽生《はにゅう》結弦《ゆづる》君が、いろんなものを背負って行き着いた境地は、私たち禅僧が求める「無の心」だったりするんだと思うんです。

鈴木　それを一番感じるのは相撲ですよ。相撲の立合いこそ、「今ここ」でしょう。少しでも先のことを考えたら負けですよね。

細川　なるほど。そうやっていろんな方が目指し、辿り着く場所を、ただ私たちは禅と名付けただけなんだ、と教えていただいたような気がします。

『ゲド戦記』と『スター・ウォーズ』

鈴木　ついでだから言っちゃうけど、初めて飛行機で大西洋を横断したリンドバーグの奥さんの『海からの贈り物』という本があります。僕ね、この数年間、何回も読んでいるんですよ。あの中に、「今」「ここ」という言葉が何度も出てくるんですよねえ。旦那が成功者になり、彼女自身も女性飛行士の草分けとして名声を得る。でもその後、社交に明け暮れる中、ついに長男が誘拐事件に遭ってしまう。そして苦しみます。彼女は決意するんですね。この社交の中にまぎれていてはダメだと。彼女が選んだのは、年に一度は南の島に行って深く静かに自分と対話すること。

細川　まさに坐禅ですね。

鈴木　そうやって、禅や東洋思想に近い考え方を彼女は自分の中で発見していくんです。ジブリでも映画にした『ゲド戦記』もそうです。僕、作者のル＝グウィンさんは、西洋の物語に東洋の考え方を持ち込んだ方だと思っているんです。あらゆる物に通名と「真の名《まこと》」があり、己の「影」こそを対峙すべき相手としている、そういった

細川　物事に二面性を見るのは、東洋的でしょう。それ以降、世のファンタジーと呼ばれるものは、東洋的な考えの影響を受けるようになった、そう僕は思ってるんです。和洋折衷、ということですか。

鈴木　そうですね。東洋の考え方を、西洋のファンタジーが受け入れた。きっかけは『ゲド戦記』であり、そこに目をつけたのが、アメリカだとジョージ・ルーカス。彼の『スター・ウォーズ』って、『ゲド戦記』との関係がものすごく強い。まず敵のダースベイダーが主人公のお父さんだったという設定、あれこそがゲド戦記的であり、東洋的なんですよ。

細川　なるほど。

鈴木　こういう話もしちゃうと、宮さんはね、やっぱり『ゲド戦記』が好きなんですよね。それはつまり、物事には必ず光と影、二つの側面がある、ということなんです。だから、単純に「この人は悪だ」とやっちゃうのが好きじゃない。ひとひねりしたくなる。それは『ゲド戦記』なんですよね。だから、そこの彼を理解していくと、彼の映画がもっと楽しめるんじゃないかな。僕なんかは、彼の機嫌がいいときは、怖いんですよね。何かあるのかなって。むしろ機嫌が悪いときはほっとするんですよ(笑)。

細川　ジブリの『ゲド戦記』の冒頭で、主人公のアレンがお父さんを殺すシーンが印象的でした。監督した宮崎吾朗さんに、お父さんの駿監督を超える意味でも、鈴木さんが「殺しちゃったら」と言ったとか。

鈴木　よくご存知ですね（笑）。

細川　あのシーンは本当にびっくりで。最初は、なんでお父さんを殺すシーンが必要なのかな、って。

鈴木　吾朗君が初めに描いたシナリオはね、お父さんが暴君なんですよ。このままじゃ息子が屈服されるというんで、お母さんが間に入って、アラン少年を逃がすという話。僕はそれを読んで、「ダメだよ吾朗君。だってこれ吾朗君じゃん」って。

細川　いやいや、暴君じゃないでしょう（笑）。

鈴木　そのとき僕は思いついたんですよ。「男は精神的に必ず『父殺し』をやらないといけない。吾朗君も父殺しがない限り、先に進めないでしょ」って言ったらね、「わかりました。殺します」って（笑）。あそこをすごく評価してくれたのが、当時文化庁長官だったユング心理学の河合隼雄《はやお》さん。『ゲド戦記』は、フロイトに対して出てきたユングの心理学に影響を受けた作品なんで。

細川　なぜ彼はお父さんを刺す必要があったのか、物語が進むにつれてわかってきたよう宮さんは『ゲド戦記』が好きなんです。つまり物事には光と影二つの側面がある、ということ。

——鈴木

『ゲド戦記』

な気がしました。禅にも「仏に逢えば仏を殺す」という言葉があって、きっと私たちの人生にとって、いつかは超えないといけない、ある意味で殺さなくちゃいけない存在がある。そういうシーンが訪れることを教えてくれたのかな、と。

鈴木　へえー。しかし仏を殺せというのは、すごく物騒ですね。

細川　捉われるな、ということだと思うんですよね。良寛さんが書いた仙桂和尚の姿のように、読経や坐禅の修行をつきつめた上で超越して、それに捉われなくなること。布袋《ほてい》さんのように、一緒にお酒を飲み、ニコニコしているだけで幸せを届けていく、というところが禅で一番求めるところなんだと思います。

幻の〝枯れた老人〟

細川　今回、見せていただいた良寛さんの三作品は、すべて年齢を重ねてからの作品とされていますよね。鈴木さんは、老いることをどう考えていらっしゃいますか？

鈴木　僕、これまでまったく考えてこなかったんだけれどね、先日、作家の堀田善衛《よしえ》さんの娘さんに教えていただき、堀田さんが晩年書いた言葉に出合いました。その言葉がね、「老いの熟成」。これを聞いて嬉しくなったんですよ。年を取れば、そりゃ肉体的には衰えるけれど、精神は自由になる。ちょっと自分の中で「老いの熟成」を求めてみようかな、今、そういう心境ですね。会社のいろんな責任から、なるたけエスケープして、いろんなものから解き放たれてみようと。

細川　以前、高畑（勲）監督と宮崎監督は「枯れない」とおっしゃっていましたね。

鈴木　あのね、本や映画の場合ですけど、若い人が描く理想としての老人像に、ある種の「枯れ」があるんですよ。ところが、老人が描く老人に、枯れた人なんてどこにもいない。これはいったいどういうことなのかって。結局、老人だって、やっぱり本当はみんなへばりついて生きていきたいんでしょう。でも、それでいいんですよね。

そういう意味でおもしろかったのは、笠智衆《りゅうちしゅう》という俳優ですよ。あの人は、四十歳の頃から最後までずっと、演じたのは老人ばかり。ひと回り以上年上の東山千栄子を女房役に老夫婦を演じた、これが『東京物語』です。でも、そう見えないんですよね。

そんな人が晩年に出た映画が黒澤明監督の『夢』。そこに出てきた笠智衆は、それまでの彼と違っていたんです。ジジイのわがままをやったんですね。その姿を見たとき、「これは黒澤の分身だ」と思いましたよ（笑）。黒澤だってね、若い頃は

『姿三四郎』を撮れば、老人は物のよくわかった立派な、ある種「枯れた」人物として描きます。ところがね、晩年になると、そんな人はどこにもいなくなるんですよ。年を取ったら醜いものだと。

細川　うーん、現実かもしれません。

鈴木　映画で言うと、最後まで枯れなかったのは小津安二郎。扱っている題材は渋くて地味なのにね。ところが黒澤は最後にあがきました。黒澤のように、戦闘シーンが得意だった人が枯れるのはね、これは難しい。映画監督に限らないですけど、大体、年を取ったらつまらないんですよ。その例外になるのは至難の業。宮さんにはそれができるんだろうか、というのが僕の一番の関心事なんです。

細川　「字が枯れる」と言ったり、「枯れる」というとよいイメージばかりでした。禅では老師という言葉を使って、老いを肯定的に捉えるところがあります。経験を積んでいるということなんでしょうが……。しきりに「経験を手放せ」という禅の考えと一見、矛盾しているんですけれど。

鈴木　「狎《な》れ」っていう言葉があるじゃないですか。禅で「手放せ」と言うのはそれじゃないですか。自分の経験、知識で機械的にこなしちゃうのが「狎れ」。それはよくないですよね。やっぱりある範囲の中で新鮮なものをやらないと。

細川　なるほど。そういう意味では、良寛さんの字は年老いても枯れてないですよね。

鈴木　いやあ、枯れてないし、色気もあるもん。貞心尼宛ての手紙なんて、ちょっと相手方の気を引こうという気がありますね。僕はこの手紙（一九七ページ）を見て、人って死ぬ間際までそうなんだな、と思っちゃった。だから宮さんもそうなんだろう。僕はどうなんだろうって。そういうことを考えさせてくれる書ですね。

本書は、月刊『なごみ』（2017年1月号～12月号）の連載「半径2メートルの禅問答　喫茶去」に加筆・修正と新たに一回分（第五回）を加えたものです。文中の年齢や年代の表記は初出時のままです。

エピローグ

この本の企画者、磯田渉君は謎の人物だ。彼と付き合って、かれこれ一年半になる。なのに、正体を見せない。連載の間、彼とは何度も会った。しかし、何度会っても打ち解けない。彼との間に耐えがたい間《ま》があった。

見た目は、いつも肩に力が入っている。息抜きが下手そうな若者だ。若者と書いたが、そもそも彼の年齢はいくつなのか？　出身地は？　奥さんはいるらしいが本当にいるのか？　分からない。一年半も付き合ったのに、彼は話さない。分からないままに時だけが過ぎた。彼は仕事一本槍の人で、プライベートの欠片も見せなかった。

二〇一六年八月三日付けで、手紙と共に彼から月刊誌『なごみ』での一年間の連載企画書が送られてきた。ここまではよくある話だ。ぼくは封を切って、企画書に目を通した。そそられた。この企画はジブリがらみのモノでは無い。

テーマは禅僧との対談。そして、禅の思想を解きほぐしたいと書いてあった。え、なぜ？　禅僧には限らないが、以前からぼくは仏教と僧侶に関心があった。とはいえ、公的な場でそのことはほとんど口にしていない。なのに、なぜ、磯田君はぼくにそういうテーマを振ってきたのか？　なぜ、そのホストにぼくが相応しいと考えたのか？

知りたかった。会えば分かる。ぼくは早速、彼と会った。そして、磯田君はぼくの期待を見事に裏切る。ぼくの疑問に対し、彼は何も答えない。彼の関心事はもっぱら、ぼくが誰と話すのか、その人選に終始した。龍雲寺の細川晋輔《しんすけ》住職、円覚寺の横田南嶺《なんれい》管長、そして、芥川賞作家でもある玄侑宗久《げんゆうそうきゅう》さんが対談相手に決まった。

対談が始まった。対談原稿を彼がまとめると聞いたとき、告白すればぼくは心配になった。どういう原稿になるのか？　しかし、それは杞憂に終わる。彼のまとめた原稿に目を通すやいなやぼくは驚いた。問題は何もない。それどころか素晴らしかった。実際に話した内容をいったんばらして、彼独自の考えでテーマ別に再構成する。ぼくにしても、赤字を入れる余計な手間が省けたので大いにラクをさせて貰った。

彼は仕事ができなさそうで、実はできる人だった。禅とは何か？　その答えはこの本の中にある。それを仕掛けた磯田君は、まれに見る優秀な編集者だった。ぼくは、彼の掌の中で踊らされながら、そのことを思い知らされる。それに、あんな顔をしていて、磯田君は日本美術史にも詳しかった。不意の質問に対しても、彼は滔々《とうとう》と説明を続けた。

ちなみに、連載時のタイトル「喫茶去」も彼が付けた。禅語でお茶を召し上がれという意味だそうだ。

＊

この広い東京で、ぼくは彼と偶然、出会《でくわ》したことが二度ある。一度目は、恵比寿の街で。そのときは、ぼくが声をかけてコーヒーを飲んだ。二度目は国立劇場で歌舞伎の鑑賞だった。お茶を飲もうが舞台がはねようが、彼が個人的なことを話すことはなかった。

ともあれ、彼のおかげでこの本ができた。この上なく楽しい仕事だった。ぼくにとっては、自分との大事な対話の時間になった。磯田君、本当にありがとう！

二〇一八年三月二十四日　　鈴木敏夫

本書にご登場いただいた三人の禅僧

▶第1回・第2回・第5回ほか司会

細川晋輔　ほそかわ・しんすけ

1979年、東京都生まれ。2002年佛教大学卒業後、京都の妙心寺専門道場で9年間修行。花園大学大学院文学研究科仏教学専攻修士課程修了。13年より東京・世田谷区の龍雲寺住職に。禅を易しく説き、普及に務める。著書に『人生に信念はいらない 考える禅入門』『禅の言葉とジブリ』『禅の調べ　はじめて唱う白隠禅師「坐禅和讃」』。

▶第3回

横田南嶺　よこた・なんれい

1964年、和歌山県生まれ。87年、筑波大学卒業。在学中に出家得度し、卒業後に京都・建仁寺僧堂で修行。円覚寺僧堂師家を経て2010年に臨済宗円覚寺派管長就任。禅をわかりやすい言葉で語りかけ、幅広い支持を集める。

▶第4回

玄侑宗久　げんゆう・そうきゅう

1956年、福島県生まれ。慶應義塾大学中国文学科卒業。さまざまな職業を経験した後、京都・天龍寺専門道場で修行。現在は福島県の福聚寺の住職を務める。僧職の傍ら作家活動を続け、2001年『中陰の花』で第125回芥川賞受賞。

写真　松永直子
ブックデザイン　横須賀拓

編集協力　スタジオジブリ

取材協力　三鷹の森ジブリ美術館（第2回）
©Museo d'Arte Ghibli
円覚寺（第3回）
代官山 蔦屋書店（第4回）
新古美術　万葉洞（第5回）

本書を編集中の2018年4月5日、高畑勲監督がご逝去されました。
慎んでご冥福をお祈りいたします。

鈴木敏夫　すずき・としお
1948年、愛知県生まれ。78年から雑誌編集のかたわら、『風の谷のナウシカ』『火垂るの墓』など宮崎駿・高畑勲監督のアニメーション映画を制作。のちスタジオジブリ専従となり、宮崎駿監督の最新作『君たちはどう生きるか』（2023年）までほぼ全劇場作品をプロデュースする。

禅《ぜん》とジブリ

2018年7月18日　初版発行
2024年10月11日　五版発行

著　者　鈴木敏夫《すずきとしお》
発行者　伊住公一朗
発行所　株式会社 淡交社
本社　〒603-8588
京都市北区堀川通鞍馬口上ル
〈営業〉075-432-5156
〈編集〉075-432-5161
支社　〒162-0061
東京都新宿区市谷柳町39-1
〈営業〉03-5269-7941
〈編集〉03-5269-1691
www.tankosha.co.jp

印刷・製本　大日本印刷株式会社

Printed in Japan　ISBN978-4-473-04259-0